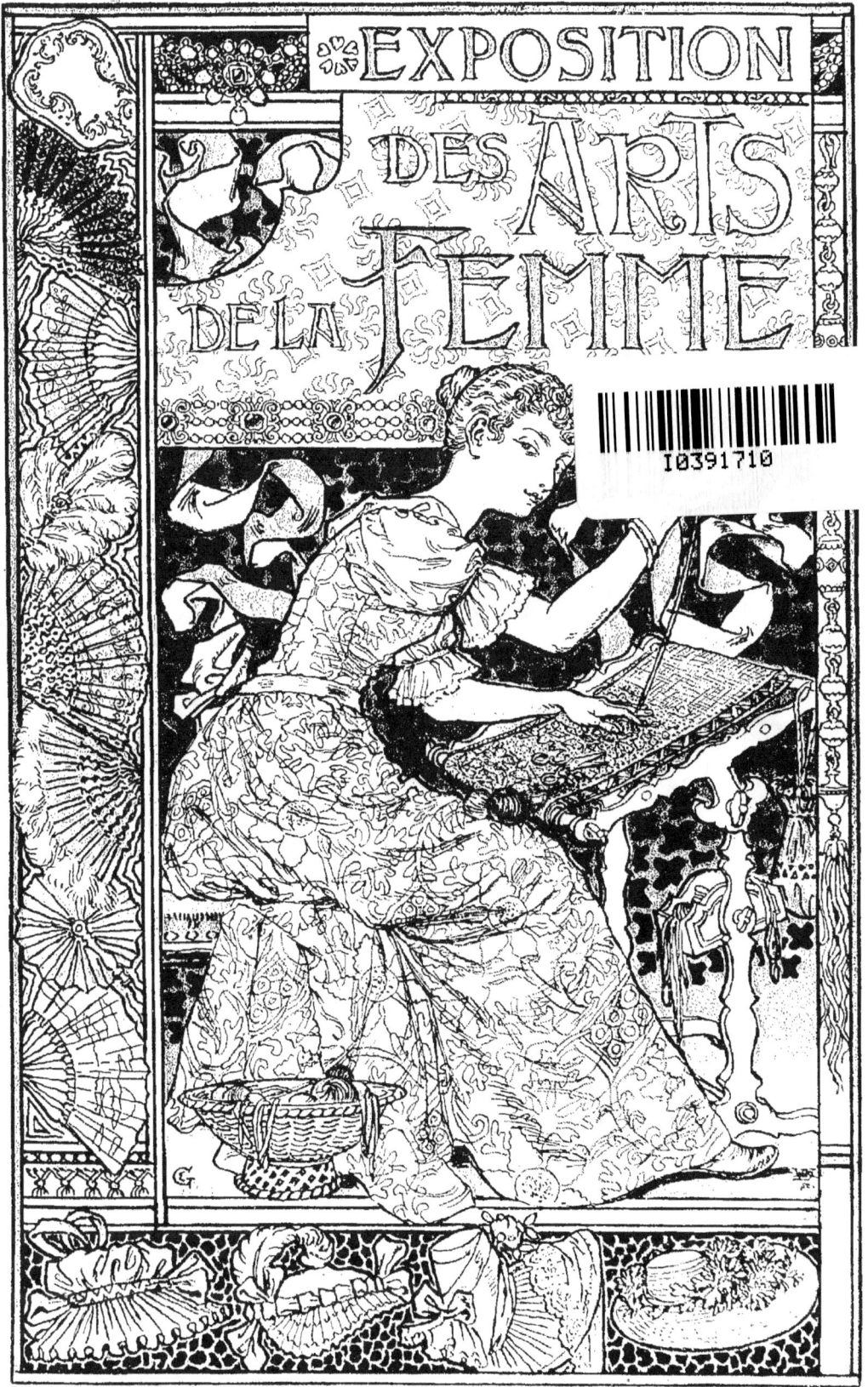

EXPOSITION DES ARTS DE LA FEMME

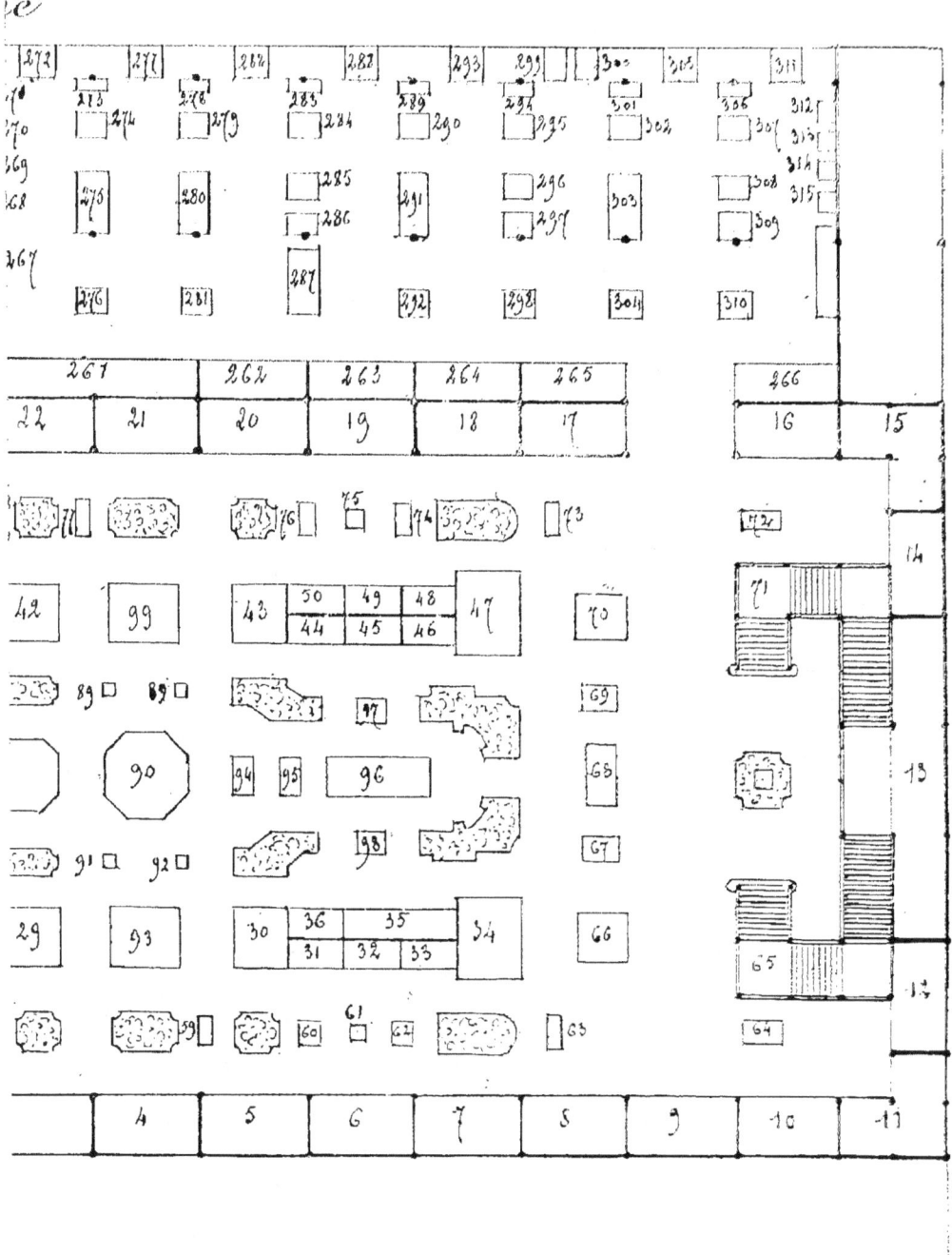

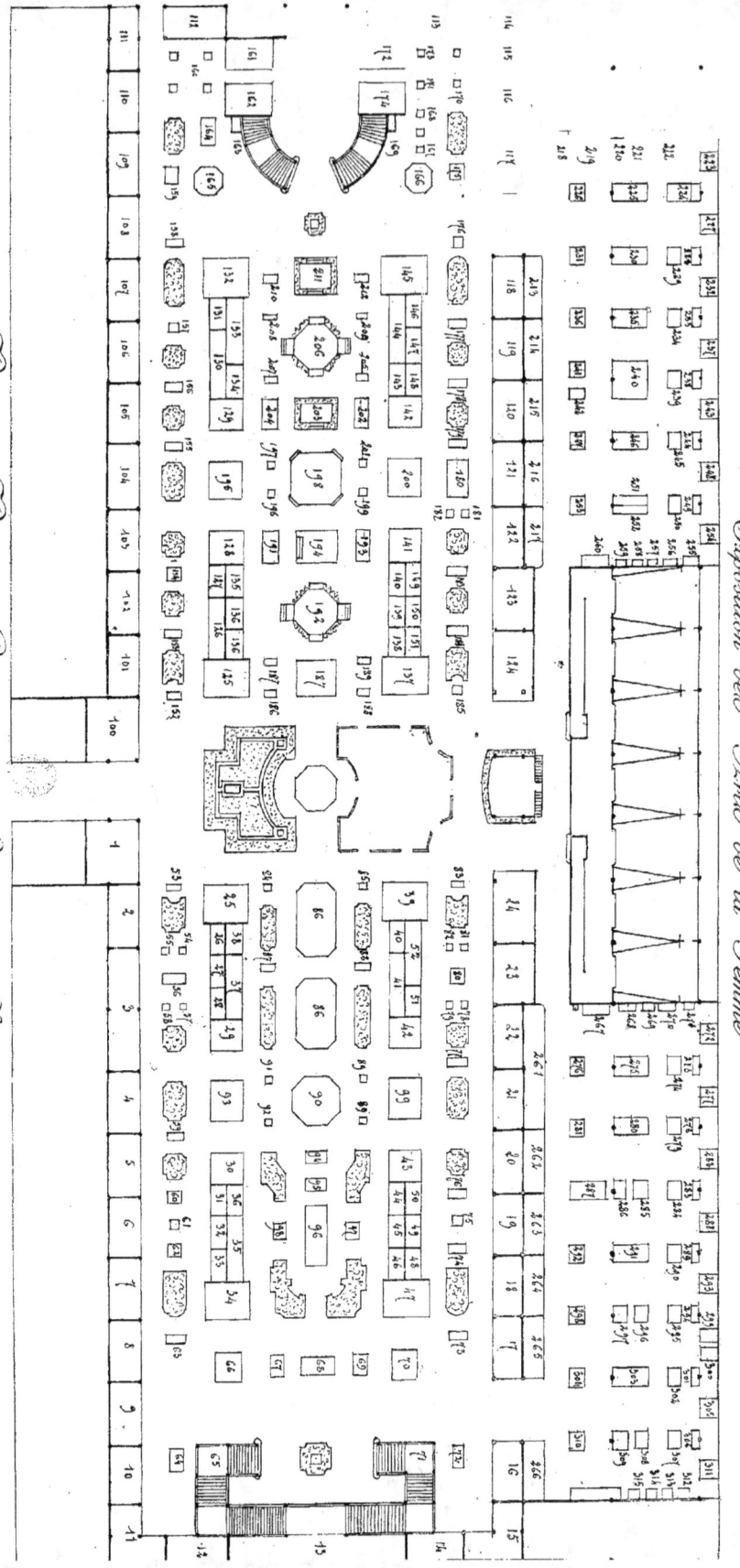

Exposition des Arts de la Femme

Plan du Rez-de-Chaussée — Section des Industries artistiques

Les Numéros inscrits sur ce plan correspondent à ceux du Guide-Livret illustré

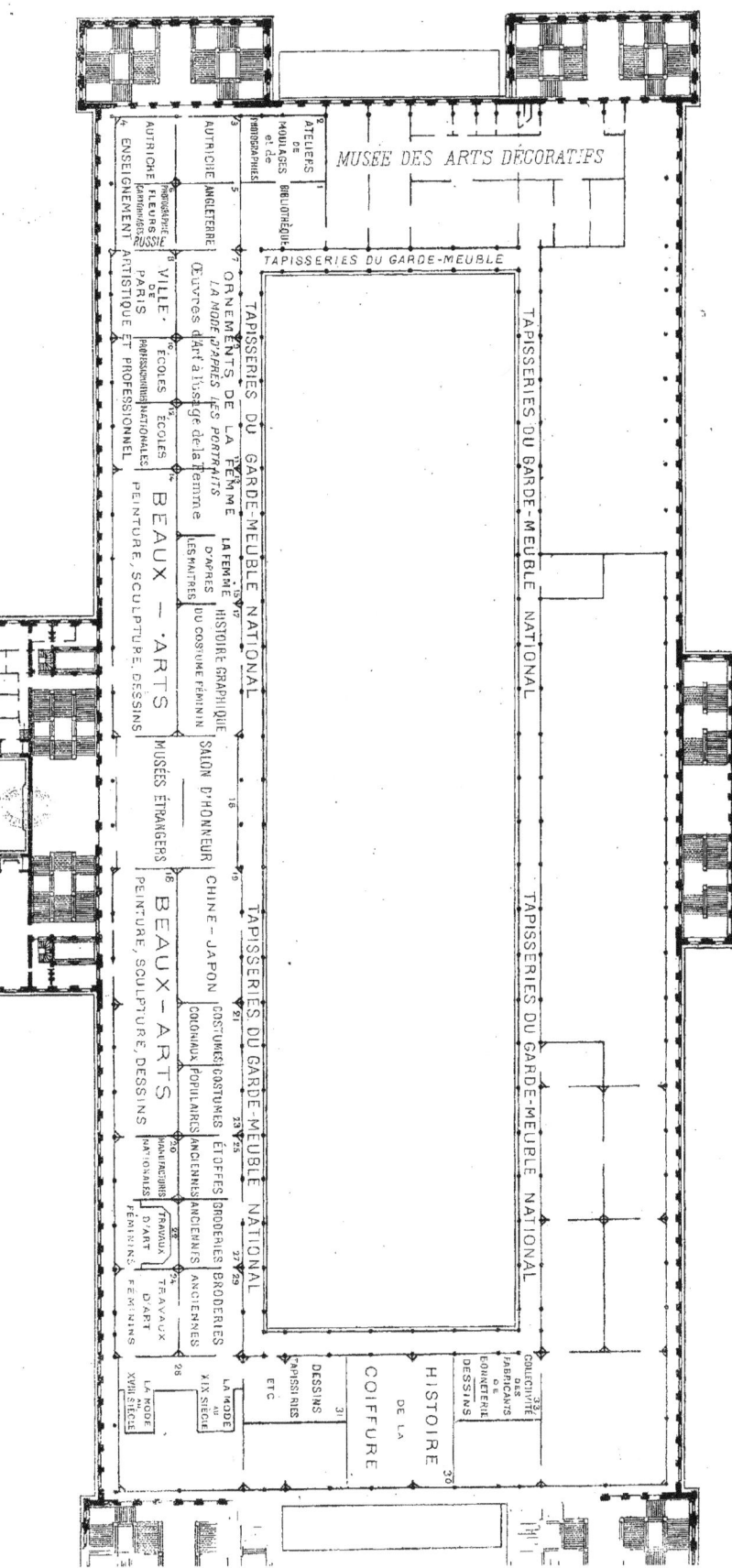

Exposition des Arts de la Femme.

Plan des Galeries du premier étage

Réd. : 9x

MUSÉE DES ARTS DÉCORATIFS

TAPISSERIES DU GARDE-MEUBLE

TAPISSERIES DU GARDE-MEUBLE NATIONAL

TAPISSERIES DU GARDE-MEUBLE NATIONAL

TAPISSERIES DU GARDE-MEUBLE NATIONAL

TAPISSERIES DU GARDE-MEUBLE NATIONAL

ATELIERS DE MOULAGES et de PHOTOGRAPHIES

BIBLIOTHÈQUE

AUTRICHE ANGLETERRE

PHOTOGRAPHIE FLEURS DE PARIS RUSSIE CARTONNAGES

AUTRICHE

ENSEIGNEMENT ARTISTIQUE ET PROFESSIONNEL

VILLE DE PARIS ÉCOLES PROFESSIONNELLES NATIONALES

Vb ÉCOLES

ORNEMENTS DE LA FEMME

LA MODE D'APRÈS LES PORTRAITS

Œuvres d'Art à l'usage de la femme

LA FEMME D'APRÈS LES MAITRES

HISTOIRE GRAPHIQUE DU COSTUME FÉMININ

BEAUX-ARTS MUSÉES ÉTRANGERS

PEINTURE, SCULPTURE, DESSINS

SALON D'HONNEUR

CHINE - JAPON

BEAUX-ARTS

PEINTURE, SCULPTURE, DESSINS

COSTUMES COLONIAUX COSTUMES POPULAIRES

ÉTOFFES ANCIENNES BRODERIES ANCIENNES

BRODERIES ANCIENNES

MANUFACTURES NATIONALES

TRAVAUX D'ART FÉMININS

TRAVAUX D'ART FÉMININS

LA MODE AU XVIIIe SIÈCLE

LA MODE AU XIXe SIÈCLE

ETC

TAPISSERIES

DESSINS

COIFFURE

HISTOIRE DE LA COIFFURE

COLLECTIVITÉ DES FABRICANTS DE BONNETERIE DESSINS

TAPISSERIES DESSINS

PALAIS DE L'INDUSTRIE

Exposition

DES

Arts de la Femme

GUIDE-LIVRET

ILLUSTRÉ

2ᴱ ÉDITION

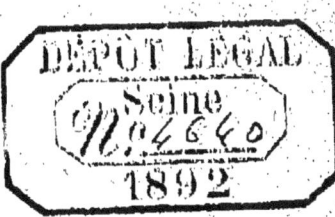

Prix : UN Franc

PARIS

IMPRIMERIE DE A. WARMONT

22-24 — Galerie d'Orléans — 22-24

PALAIS-ROYAL

AVIS

Les grandes sections de l'Exposition des Arts de la Femme sont ainsi réparties dans le guide-livret illustré :

Page 29 : Les BEAUX-ARTS (peinture, sculpture, travaux d'arts féminins) qui occupent, au premier étage du Palais de l'Industrie, les salles 14, 18, 20, 22 et 24.

Page 57 : L'ENSEIGNEMENT (écoles d'apprentissage, écoles de la Ville de Paris, écoles professionnelles, écoles nationales des Arts décoratifs, Autriche-Hongrie, et Royaume-Uni) qui occupe au premier étage les salles 3, 4, 5, 6, 8, 10 et 12.

Page 69 : Les INDUSTRIES ARTISTIQUES qui occupent la grande nef au rez-de-chaussée et les salles 31 et 33 au premier étage.

Page 113 : La SECTION RÉTROSPECTIVE qui occupe, au premier étage, les salles 7, 9, 11, 13, 15, 16 (grand salon d'honneur), 17, 19, 21, 23, 25, 26, 27 et 30.

Page 139 : La PARISIENNE du SIÈCLE, dioramas peints par M. Poilpot, qui se trouvent dans la grande nef, au rez-de-chaussée, derrière l'orchestre.

UNION CENTRALE

DES

ARTS DÉCORATIFS

〰〰〰〰

NOTICE HISTORIQUE

〰〰〰〰〰〰

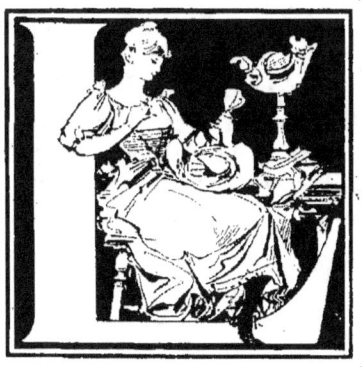

'UNION centrale des beaux-arts appliqués à l'industrie se fondait à Paris, en 1863. Cette association, dont le nom résumait le caractère et le but, s'établit modestement d'abord, mais sur des bases solides : celles du patriotisme et de la foi sociale.

Les fondateurs se constituèrent immédiatement en commission [d'organisation, qui fut ainsi composée :

MM.

Guichard, architecte-décorateur, *président ;*

Ph. Mourey, doreur et argenteur sur métaux, *premier vice-président ;*
Lerolle, fabricant de bronzes d'art, *deuxième vice-président ;*
Lefébure fils (Ernest), fabricant de dentelles, *secrétaire ;*

Sajou, adjoint au maire du XIII⁰ arrondissement, fabricant de modèles pour tapisseries ;

Schæffer-Érard, fabricant de pianos ;

Veyrat, fabricant d'orfèvrerie ;

Bergon (Frédéric), banquier.

Les premières décisions prises par la commission sont utiles à reproduire. Elles ont éloquemment précisé les idées généreuses et élevées qui les ont inspirées :

1⁰ Depuis l'Exposition universelle de 1851, et même depuis celle de 1855, des progrès immenses ont eu lieu dans toute l'Europe, et on a constaté que si nous ne sommes pas demeurés stationnaires, nous ne pouvons nous dissimuler que l'avance que nous avions prise a diminué, qu'elle tend même à s'effacer. Au milieu des succès obtenus par nos fabricants, c'est un devoir pour nous de nous rappeler qu'une défaite est possible, qu'elle serait même à prévoir dans un avenir peu éloigné si, dès à présent, on ne faisait des efforts pour conserver une suprématie qu'on ne garde qu'à la condition de se perfectionner sans cesse. L'industrie anglaise en particulier, très arriérée au point de vue de l'art, lors de l'Exposition de 1851, a fait depuis dix ans des progrès prodigieux, et, si elle continue à marcher du même pas, nous pourrions être bientôt dépassés.

2⁰ Quels sont les moyens de soutenir la lutte qui commence ? L'École centrale procure des ingénieurs à toutes les grandes entreprises, les écoles de dessin fourniraient des artistes à toutes nos fabrications. Il y a à Paris un Conservatoire des arts et métiers, un Conservatoire de musique et de déclamation, pourquoi n'y aurait-il pas un Conservatoire-Musée d'art et de dessin appliqués à l'industrie ? Des écoles de dessin existent certainement dans nos grandes villes, mais combien de centres manufacturiers en sont privés ! Combien peu appliquent l'étude de l'art aux dessins de fabriques et combien manquent de cours spéciaux !

3° Il serait peut-être à souhaiter que l'initiative des particuliers pût constituer en France, comme cela se pratique dans un pays voisin, des compagnies indépendantes, ayant leurs franchises, ne relevant que d'elles-mêmes et vivant toutes sous la protection égale de la loi.

S'inspirant de ces idées, la Commission d'organisation faisait appel aux artistes et aux industriels et publiait les statuts de la Société nouvelle :

Afin d'entretenir en France la culture des arts qui poursuivent la réalisation du beau dans l'utile ;

Afin d'aider aux efforts des hommes d'élite qui se préoccupent des progrès du travail national, depuis l'école et l'apprentissage jusqu'à la maîtrise ;

Afin d'exciter l'émulation des artistes dont les travaux, tout en vulgarisant le sentiment du beau et en améliorant le goût public, tendent à conserver à nos industries d'art, dans le monde entier, leur vieille et juste prééminence aujourd'hui menacée;

Espérant beaucoup de la puissance de l'initiative privée, des sympathies de la presse et de la bienveillance du gouvernement; se souvenant d'ailleurs avec une profonde reconnaissance, un juste orgueil et une confiance motivée de l'honorable mandat qu'elle a reçu d'eux de fonder, au plus grand avantage de tous, quelque institution utile et durable,

Ladite institution décide :

ARTICLE PREMIER

Elle fonde à ses risques et périls l'*Union centrale des beaux-arts appliqués à l'industrie*, et prend elle-même le titre de Comité d'organisation.

Le siège de l'Union centrale est provisoirement place Royale, n° 15.

ART. 2

L'institution fondée au centre de la fabrique de Paris comprendra:

1° Un musée rétrospectif et contemporain ;

2° Une bibliothèque d'art ancien et moderne, où le travailleur sera au besoin aidé dans ses recherches ;

3° Des cours spéciaux, des lectures et des conférences publiques ayant rapport à l'art appliqué, et des entretiens familiers de nature à propager les connaissances les plus essentielles à l'artiste et à l'ouvrier qui veulent unir le beau à l'utile ;

4° Des expositions de collections particulières présentant à l'étude de belles applications de l'art à l'industrie...

Des hommes éminents dans toutes les branches du travail national, des artistes et des industriels de haut mérite accordèrent avec empressement leur patronage et leur collaboration a l'œuvre naissante, qui compta parmi ses premiers adhérents : Barye, Klagmann, Davioud, Diéterle, Aimé Millet, Léon de Laborde, de Cardaillac, Deck, Champfleury, Paul Dalloz, Galichon, Carrier-Belleuse, du Sommerard, etc., etc.

L'Union centrale des beaux-arts appliqués à l'industrie s'affirma immédiatement par une exposition organisée au Palais de l'Industrie. Cette exposition comprenait des collections d'art rétrospectif, les modèles et les produits des industries d'art contemporaines et les travaux des écoles de dessin de Paris et des départements; elle inaugurait la série des expositions spéciales, qui ont si puissamment contribué à la renaissance de l'art industriel français.

Depuis cette époque jusqu'à ce jour, la Société a organisé huit expositions, aux dates et avec les programmes suivants :

1865. — Exposition des beaux-arts appliqués à l'industrie, divisée en six groupes : 1° œuvres d'art composées en vue de la reproduction industrielle ; 2° productions des industries d'art ; 3° modèles et produits envoyés aux concours de l'Union ; 4° travaux des élèves des écoles de Paris et des départements ; 5° collections d'œuvres anciennes ; 6° collections de dessins et de modèles de maîtres anciens.

1869. — Exposition des beaux-arts appliqués à l'industrie ; même division de groupes, avec adjonction d'une exposition rétrospective consacrée à l'art oriental.

1874. — Exposition des beaux-arts appliqués à l'industrie ; mêmes divisions de groupes, avec adjonction de l'Histoire du costume.

1876. — Exposition des beaux-arts appliqués à l'industrie ; mêmes divisions de groupes, avec adjonction de l'Histoire de la tapisserie.

1880. — Exposition technologique : métal.

1882. — Exposition technologique : bois (mobilier), papier et tissus.

1884. — Exposition technologique : bois (construction), pierre, terre et verre.

1887. — Exposition des beaux-arts appliqués à l'industrie.

La question de l'enseignement du dessin et de ses applications aux industries fit l'objet constant des études et des travaux de la Société. Dès 1864, dans une conférence publique, M. Guillaume pouvait exposer le plan complet des réformes que proposait l'Union dans ce but, et que la République a réalisées d'une manière si grandiose. Dans toutes ces expositions, elle organisa, entre toutes les écoles artistiques, non seulement à Paris, mais dans la France entière, des concours qui donnèrent les résultats les plus brillants et contribuèrent puissamment au développement de l'instruction industrielle et artistique.

Pendant les dix années où elle a fonctionné sous son nom primitif, devenu rapidement populaire, l'Union centrale a exécuté presque complètement son vaste programme, avec éclat et non sans résultats féconds pour les arts industriels de notre pays. Une seule création dut être ajournée : celle du musée rétrospectif et contemporain. Le dévouement et le désintéressement n'étaient pas, en effet, des éléments suffisants pour réussir ; il aurait fallu pouvoir disposer d'un capital considérable que l'Association n'avait pu former. La bibliothèque, les concours, les conférences publiques, les encouragements aux artistes, avaient absorbé annuellement ses ressources, si modestes que les membres de la Commission avaient dû ajouter bien souvent des contributions personnelles afin d'équilibrer le budget.

En 1872, la Commission d'organisation, voulant instituer sur des bases plus solides une association que les événements de 1870 et 1871 avaient fortement ébranlée, forma, sous le même nom, une société anonyme à capital variable, dont toutes les actions étaient souscrites par les anciens souscripteurs de l'œuvre. Cette association, sous la présidence de M. Ed. André, donnait une nouvelle impulsion à l'œuvre du fondateur.

En 1877, une association se constitua à Paris, pour créer un musée des arts décoratifs. Elle comprenait un certain nombre de membres de l'Union centrale des beaux-arts appliqués à l'industrie, des amateurs et des artistes réunis sous la présidence de M. le duc de Chaulnes.

Après avoir réuni, en moins de quatre ans, un premier fonds de collections, au moyen des souscriptions de ses membres et de dons d'amateurs généreux, cette Association fusionna avec l'Union centrale des arts appliqués à l'industrie. Cette fusion provoqua la reconnaissance par l'État, comme œuvre d'utilité publique, d'une société nouvelle, qui s'intitula : *Union des Arts décoratifs*.

Ne voyant aucun autre moyen de réaliser dans toute son extension le projet d'un musée national des arts décoratifs, la Société résolut de faire appel au concours du public par le moyen d'une loterie dont le gouvernement autorisa l'émission par un arrêté ministériel en date du 1er juin 1882. Cette loterie a produit 5,812,000 francs.

La Société n'a jamais cessé de consacrer les intérêts de cette somme au fonctionnement de ses services et à l'augmentation des collections du musée des arts décoratifs, qui, aujourd'hui, ne comprend pas moins de 7,000 pièces et occupe au Palais de l'Industrie des galeries nombreuses d'une superficie de 3,000 mètres carrés.

L'action publique de l'Union centrale des arts décoratifs s'exerce par le fonctionnement de différents services, dont le plus important, après le musée des arts décoratifs, est la bibliothèque d'art et d'industrie qu'elle possède, n° 3, place des Vosges. Cette bibliothèque, fondée par l'ancienne Société, contient actuellement 10,000 volumes, 250,000 gravures et photographies, 90,000 dessins et 260,000 échantillons d'étoffes diverses. Depuis sa fondation, elle a été fréquentée par 100,000 artistes et ouvriers.

Un atelier de moulages a été créé pour répandre dans les musées et les écoles des départements les reproductions des plus belles œuvres de l'art décoratif; son catalogue ne compte pas moins de 1,500 numéros, et le chiffre général des ventes et des dons aux établissements d'instruction publique a atteint environ 200,000 francs

Un atelier de photographie est annexé à l'atelier de moulages, dans le même but de propagation et de vulgarisation des beaux modèles.

CONSEIL D'ADMINISTRATION

DE

L'UNION CENTRALE DES ARTS DÉCORATIFS

BUREAU

MM.

ANDRÉ (Édouard), *président d'honneur*, 158, boulevard Haussmann.
BERGER (Georges), *président du conseil*, 8, rue Legendre.
BOUILHET (Henri), *premier vice-président*, 56, rue de Bondy.
GUILLAUME (Eugène), *vice-président*, 5, rue de l'Université.
DARCEL (Alfred), *vice-président*, Musée de Cluny.
CORROYER (Édouard), *vice-président*, 14, rue de Courcelles.
LEFÉBURE (Ernest), *secrétaire*, 15, boulevard Poissonnière.
KRAFFT, *secrétaire*, 1, rue Bayard.
BRAQUENIÉ (Henri), *trésorier*, 211, rue de l'Université.

MEMBRES

MM.

AYNARD, 4, avenue Van-Dyck.
BAPST (Germain), 4, rue Boissière.
BÉRALDI, 64, rue d'Anjou.
BIENCOURT (Marquis de), 12, rue de Poitiers.
BIRON (Marquis de), 37 *bis*, rue de Bourgogne.
BOUCHERON, 152, galerie de Valois.
CHATEL, 5, rue Louis-le-Grand.
CHRISTOFLE (Paul), 56, rue de Bondy.
COLIN (Paul), 1, quai Malaquais.
COURAJOD (Louis), 43, rue Vital (Passy).
DAUMET, 135, boulevard Saint-Germain.
DAVANNE, 82, rue des Petits-Champs.
DELAMARRE-DIDOT, 10, avenue Percier.
DREYFUS (Gustave), 101, boulevard Malesherbes.
DUJARDIN-BEAUMETZ, 85, rue de la Pompe.

MM.

DUPLAN, 2, rue des Pyramides.
DUPLESSIS (Georges), Bibliothèque nationale.
EPHRUSSI (Charles), 23, rue Galilée.
FALIZE (Lucien), 6, rue d'Antin.
FIRMIN-DIDOT, 56, rue Jacob.
FOULD (Léon), 38, cours la Reine.
GANAY (Comte de), 5, rue François Ier.
GÉRARD (Baron), 85, faubourg Saint-Honoré.
GRADOS (Léon), 106, boulevard Richard-Lenoir.
KRAFFT, 1, rue Bayard.
LAFENESTRE (Georges), 23, rue Jacob.
LEROY (Isidore), 11, rue Château-Landon.
LIOUVILLE (Albert), 12, rue des Saints-Pères.
MACIET (Jules), rue Cambon.
MAHOU (Léonce), 18, rue Vignon.
MANNHEIM (Charles), 7, rue Saint-Georges.
MANTZ (Paul), 69, rue Caumartin.
PÉREIRE (Henry), 33, boulevard de Courcelles.
PROUST (Antonin), 32, boulevard Haussmann.
ROSSIGNEUX, 23, quai d'Anjou.
ROTHSCHILD (Baron G. de), 23, avenue Marigny.
SABRAN (duc de), 27, rue Barbet-de-Jouy.
SALVERTE (De), 54, avenue Marceau.
SCHLUMBERGER (Gustave), 140, faubourg Saint-Honoré.
TAIGNY (Edmond), 41, avenue Montaigne.
TEMPLIER (Armand), 24, boulevard Saint-Michel.
VILLEFOSSE (Héron de), 80, rue de Grenelle.
VOGUÉ (Marquis de), 2, rue Fabert.

Conseil judiciaire :

MM.

CONSTANT, *avocat*, 28, rue de Vaugirard.
CHAMPETIER DE RIBES, *avocat*, 46, rue Cambon.
WALDECK-ROUSSEAU, *avocat*, 35, rue de l'Université.
MARTIN (Charles), *avoué*, 6, rue Grange-Batelière.
SEGOND (Paul), *notaire*, 7, rue Laffitte.

Architecte :

M. LORAIN (Paul), 24, rue d'Enghien.

— 12 —

ADMINISTRATION

PALAIS DE L'INDUSTRIE, PORTE VII

Secrétariat :

MM.

MORAND, *secrétaire général.*
VACHON (Marius), *agent général.*
MERCIER, *secrétaire-comptable.*
ORANGE, *commis d'ordre.*

Musée :

MM.

GASNAULT, *conservateur.*
GAUCHERY, *secrétaire de la conservation.*
MATHIEU }
METMAN } *attachés à la conservation.*
COULON, *commis d'ordre.*

Bibliothèque :

3, place des Vosges.

MM.

CHAMPEAUX (De), *conservateur.*
GUIMBAL, *bibliothécaire.*

Atelier de moulages :

57, avenue de la Motte-Piquet.

M. DUVEAU, *chef d'atelier.*

Atelier de photographie :

Palais de l'Industrie, porte VII.

M. SAINT-OUEN, *opérateur.*

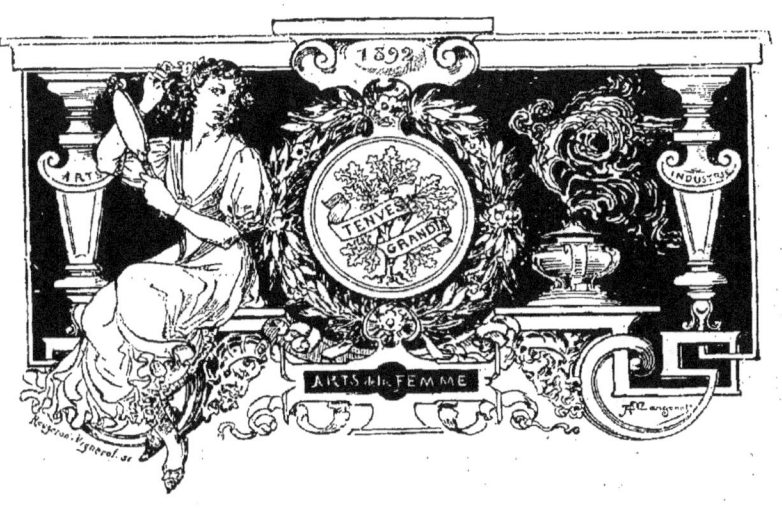

EXPOSITION

DES

ARTS DE LA FEMME

PROGRAMME GÉNÉRAL

SECTION MODERNE

)

GROUPE I. — BEAUX-ARTS

Peinture, Sculpture, Gravure, Dessins, Photographies, Œuvres exécutées depuis 1871 par les femmes.

GROUPE II. — ENSEIGNEMENT

1re Classe. — Écoles de dessin.
2e Classe. — Écoles d'art décoratif ou des arts industriels.

3e Classe. — Écoles professionnelles d'art appliqué à l'industrie.
4e Classe. — Institutions pour le développement des arts de la femme.

GROUPE III. — INDUSTRIE

Objets à l'usage de la femme.

5e Classe. — Mobilier, Ouvrages du tapissier et du décorateur.
6e Classe. — Maroquinerie, Tabletterie, Lunetterie, Bimbeloterie, Vannerie, Brosserie, Coutellerie, Armes de luxe.
7e Classe. — Tissus de soie, de laine, de lin, de coton, Rubans.
8e Classe. — Dentelles, Tulles, Broderies, Passementeries, Crochet, Ouvrages de dames.
9e Classe. — Vêtements, Lingerie, Modes, Chapeaux, Accessoires du vêtement, Chaussures, Gants, Ombrelles, etc.
10e Classe. — Joaillerie, Bijouterie, Orfèvrerie.
11e Classe. — Éventails, Écrans.
12e Classe. — Fleurs artificielles, Plumes.
13e Classe. — Coiffure, Cheveux.
14e Classe. — Librairie, Papeterie, Publications et Journaux de modes, Photographies, etc.
15e Classe. — Industries ménagères.

SECTION RÉTROSPECTIVE

GROUPE I. — HISTOIRE DU COSTUME FÉMININ

1re Classe. — Histoire du costume féminin par les œuvres d'art : Peintures, Sculptures, Miniatures, Dessins, Estampes, Photographies.
2e Classe. — Costumes féminins : Costumes nationaux des divers peuples du monde, Restitutions de Costumes anciens, Costumes nationaux de la France par provinces et Costumes de théâtre, Fragments de Costumes, Étoffes, Passementeries, etc., Chaussures et Coiffures.

GROUPE II. — ŒUVRES ET OBJETS D'ART A L'USAGE DE LA FEMME

3e Classe. — Ornements de la femme.
4e Classe. — Instruments de toilette et de travail de la femme.
5e Classe. — Mobilier féminin.

6e Classe. — Œuvres d'art ayant appartenu à des femmes célèbres.

GROUPE III. — TRAVAUX D'ART FÉMININS

7e Classe. — Beaux-Arts, Peinture, Sculpture, Gravure, Dessins.
8e Classe. — Broderies, Tapisseries, Dentelles.

LISTE DES MEMBRES

DES

COMITÉS D'ORGANISATION

PRÉSIDENT DE L'EXPOSITION

M. Georges BERGER

DIRECTEUR DE L'EXPOSITION

M. Marius VACHON

ARCHITECTE

M. Paul LORAIN

SECTION MODERNE

GROUPE I. — BEAUX-ARTS

Présidente d'honneur: Mme Rosa BONHEUR.

Président: M. GÉRÔME, Membre de l'Institut.

Vice-Présidente: Mme Léon BERTAUX, Présidente de la Société des femmes peintres et sculpteurs.

Vice-Président: M. LAFENESTRE, Membre du Conseil d'administration de l'Union centrale des Arts décoratifs, Membre de l'Institut.

Secrétaire: M. Jules DUPRÉ fils.

Mmes

Édouard ANDRÉ (Nélie JAQUEMARD).

Lady BUTLER (Élisabeth THOMSON), à Londres.

Mmes

Madeleine Lemaire.
E. Moreau.
Ronner (Henriette), à Bruxelles.
De Saux (Henriette Brown).
Schwartze (Thérèse), à Amsterdam.

MM.

Bapst (Germain), Membre du Conseil d'administration de l'Union centrale des Arts décoratifs.
Barrias, Membre de l'Institut.
Bonnat, Membre de l'Institut.
Bracquemond.
Cazin.
Carolus Duran.
Davanne, Membre du Conseil d'administration de l'Union centrale des Arts décoratifs

MM.

Duez.
Dujardin - Beaumetz, Député, Membre du Conseil d'administration de l'Union centrale des Arts décoratifs.
Falguière, Membre de l'Institut.
Mantz (Paul), Directeur honoraire des Beaux-Arts, Membre du Conseil d'administration de l'Union centrale des Arts décoratifs.
Proust (Antonin), Député, Ancien Président du Conseil d'administration de l'Union centrale des Arts décoratifs.
Roll.
Roty, Membre de l'Institut.

Groupe II. — ENSEIGNEMENT

Présidente d'honneur : Mme H. Carnot, Présidente de la Société pour l'enseignement professionnel des femmes (écoles Élisa Lemonnier).
Président d'honneur : M. Simon (Jules), Sénateur, membre de l'Académie française.
Président : M. Gréard, Membre de l'Académie française, Vice-Recteur de l'Académie de Paris.
Vice-Président : M. Rossigneux, Membre du Conseil d'administration de l'Union centrale des Arts décoratifs.
Secrétaire : M. Marx (Roger), Inspecteur des musées.

Mmes

Héreau, Inspectrice de l'enseignement du dessin dans les écoles de la Ville de Paris.
Koppe (Louise), Directrice de la revue *la Femme et l'Enfant*, Fondatrice de l'Union du travail des femmes et de la Maison maternelle.
Malmanche, Inspectrice dans les écoles de la Ville de Paris.
Schefer, Inspectrice dans les écoles de la Ville de Paris.
Toussaint, Secrétaire générale de la Société pour l'enseignement professionnel des femmes (écoles Élisa Lemonnier).

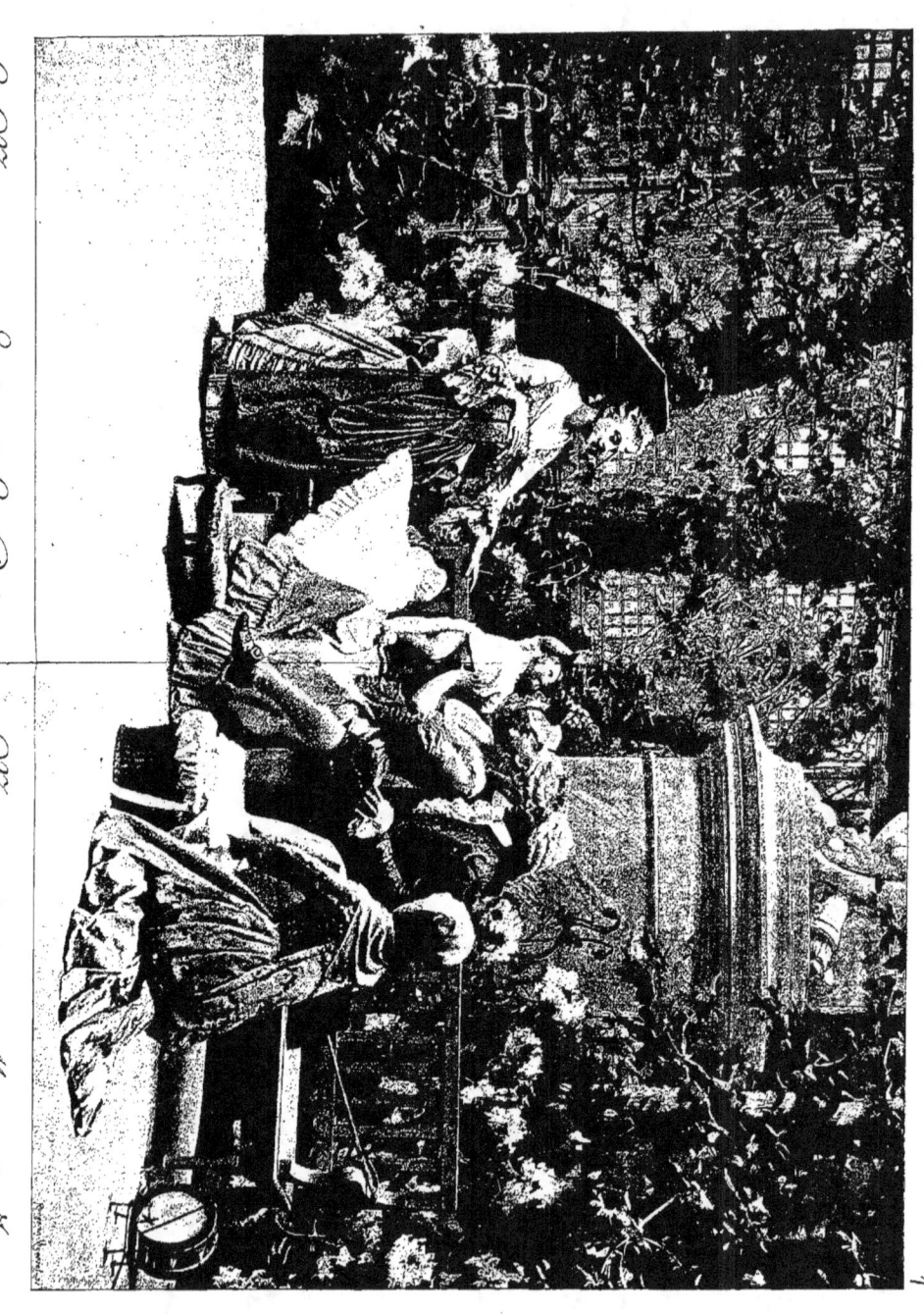

La Morceau 18e Siècle — "Les Délices de la Maternité" d'après Moreau le Jeune

Restitution exécutée par le Musée Grévin.

MM.

AYNARD, Député, Membre du Conseil d'administration de l'Union centrale des Arts décoratifs.

BUISSON, Directeur de l'enseignement primaire au Ministère de l'Instruction publique.

CARRIOT, Directeur de l'enseignement de la Ville de Paris.

CHAMPIER (Victor), Directeur de la *Revue des Arts décoratifs*.

COLIN (Paul), Membre du Conseil d'administration de l'Union centrale des Arts décoratifs.

CORROYER (E.), Vice-Président du Conseil d'administration de l'Union centrale des Arts décoratifs.

CROST, Chef du bureau de l'enseignement et des manufactures nationales à la direction des Beaux-Arts.

DUPLAN, Inspecteur général de l'enseignement primaire au Ministère de l'Instruction publique.

DUTERT, Inspecteur général de l'enseignement du dessin.

MM.

FOULD (Léon), Membre du Conseil d'administration de l'Union centrale des Arts décoratifs.

FOURCAUD (De), Membre du Conseil supérieur des Beaux-Arts.

GÉRARD (baron), Membre du Conseil d'administration de l'Union centrale des Arts décoratifs.

GUILLAUME, Vice-Président de l'Union centrale des Arts décoratifs,

HAVARD (Henry), Inspecteur des Beaux-Arts.

JACQUEMART, Inspecteur général de l'enseignement technique au Ministère du Commerce et de l'Industrie.

LIOUVILLE, Membre du Conseil d'administration de l'Union centrale des Arts décoratifs.

PEREIRE (H.), Membre du Conseil d'administration de l'Union centrale des Arts décoratifs.

SALVERTE (De), Membre du Conseil d'administration de l'Union centrale des Arts décoratifs.

SÉE (Camille), Conseiller d'État.

GROUPE III. — INDUSTRIES ARTISTIQUES

Bureau général.

Président.

M. Henri BOUILHET, Vice-Président de l'Union centrale des Arts décoratifs.

Vice-Présidents.

M. AYNARD, Député, Président de la Chambre de Commerce de Lyon, Membre du Conseil d'administration de l'Union centrale des Arts décoratifs.

M. Martial Bernard, Orfèvre, Secrétaire de la Chambre de Commerce de Paris, Président de la Société d'Encouragement de la Bijouterie, Joaillerie, Orfèvrerie.

Secrétaires.

MM. André Bouilhet. — Louis Braquenié. — Jules Mercier, Secrétaire-Comptable de l'Union centrale des Arts décoratifs.

5° Classe

Mobilier, Ouvrages du Tapissier et du Décorateur, Tapis, Tapisserie, etc.

Président : M. Braquenié, Trésorier du Conseil d'administration de l'Union centrale des Arts décoratifs, 211, rue de l'Université.

Vice-Président : M. L'Hoste, Président de la Chambre syndicale de l'Ameublement, 98 *bis*, passage Saint-Pierre-Amelot.

MM.

Boutard, Président de la Chambre syndicale des Tapissiers, 16, rue de Gramont.

Duplan, Membre du Conseil d'administration de l'Union centrale des Arts décoratifs, 2, rue des Pyramides.

Leys, Artiste décorateur, 3, place de la Madeleine.

Williamson, Administrateur du Garde-Meuble national, 103, quai d'Orsay.

6° Classe

Maroquinerie, Tabletterie, Lunetterie, Bimbeloterie, Jouets, Vannerie, Brosserie, Coutellerie, Armes de luxe.

Président : M. Grados (Léon), Membre du Conseil d'administration de l'Union centrale des Arts décoratifs, 106, boulevard Richard-Lenoir.

Vice-Président : M. Chauvin, Président de la Chambre syndicale des Fabricants de jouets, 24, rue Charlot.

MM.

AMSON, Fabricant d'articles de Paris, 68, rue de la Folie-Méricourt.

BOUDINET, Fabricant de vannerie, 5, rue du Château-d'Eau.

DUPONT, Fabricant de tabletterie fine, Président de l'Union des Fabricants, 44, rue Turbigo.

LARIVIÈRE, Président de la Chambre syndicale des Couteliers, 18, rue Desaix.

MM.

MARMUSE, Fabricant de coutellerie, 26, rue du Bac.

MAUREY-DESCHAMPS, Président de la Chambre syndicale de la Brosserie, 65, rue Turbigo.

PIERRAT, Ancien Président de la Chambre syndicale de la Tabletterie, 22, rue de Bondy.

SORMANI (Paul), Fabricant de maroquinerie, 10, rue Charlot.

7ᵉ Classe

Tissus de soie, de laine, de lin, de colon, Rubans.

Président : M. CHATEL, Membre du Conseil d'administration de l'Union centrale des Arts décoratifs, 5, rue Louis-le-Grand.

Vice-Président : M. LEVALLOIS, Président de la Chambre syndicale des Tissus et Nouveautés, 24, rue du Sentier.

MM.

BRESSON, Fabricant de soieries, 1, rue de la République, à Lyon.

GAUTIER (Antoine), Fabricant de rubans, Vice-Président de la Chambre de Commerce de Saint-Étienne, 10, rue Mi-Carême, à Saint-Étienne.

MM.

JODON, Vice-Président de la Chambre syndicale du Commerce et de l'Industrie des tissus, 34, boulevard des Italiens.

REBOUR (Ch.), Fabricant de rubans, Membre de la Chambre de Commerce de Saint-Étienne, 5, place Marengo, à Saint-Étienne.

REYREL, Fabricant de tissus de laine, 35, rue du Sentier.

TRESCA, Fabricant de soieries, Président de la Chambre syndicale de la Fabrique lyonnaise, 8, rue du Griffon, à Lyon.

8° Classe

Dentelles, Tulles, Broderies, Passementeries, Crochet,
Ouvrages de dames.

Président: M. LEFÉBURE, Secrétaire du Conseil d'administration de l'Union centrale des Arts décoratifs, 15, boulevard Poissonnière.

Vice-Président : M. ANCELOT, Président de la Chambre syndicale des dentelles, tulles et blondes, 12, rue de Hanovre.

Mme

LEROUDIER, Fabricant de broderies, 19, place Tholozan, à Lyon.

MM.

BLAZY, Président de la Chambre syndicale des Laines, Fabricant d'ouvrages de dames, 15, rue de Turbigo.

DARQUER, Fabricant de dentelles, Président de la Chambre de Commerce de Calais, 112, rue Lafayette, à Calais.

GANDIN, Fabricant de dentelles, 35, rue du Sentier.

MM.

HÉNON, Fabricant de dentelles, Membre de la Chambre de Commerce de Calais, 82, rue des Quatre-Coins, à Calais.

HERBELOT, Fabricant de dentelles, Vice-Président de la Chambre de Commerce de Calais, 66, rue des Quatre-Coins, à Calais.

LANGLOIS, Fabricant de passementeries, 7, rue de Louvois.

LEROY (Isidore), Membre du Conseil d'administration de l'Union centrale des Arts décoratifs, 15, rue Château-Landon.

MARTIN (Georges), Fabricant de dentelles, 80, rue Richelieu.

MILLET, Fabricant de dentelles, 1, rue Méhul.

PARENT, Président de la Chambre syndicale de la Passementerie et de la Broderie, 28, rue Michel-le-Comte.

9° Classe

Vêtements, Lingerie, Modes, Chapeaux,
Accessoires du Vêtement, Corsets, Chaussures, Gants,
Ombrelles, etc.

Président : M. DELAMARRE-DIDOT, Membre du Conseil d'administration de l'Union centrale des Arts décoratifs, 10, avenue Percier.

Vice-Président : M. BRYLINSKI,

Président de la Chambre syndicale de la Confection et de la Couture pour dames et enfants, 9, rue d'Uzès.

MM.

BARAT, Secrétaire général de l'Association générale de l'Industrie et du Commerce des tissus et matières textiles, 8, rue d'Aboukir.

DAVASSE, Ancien Président de la Chambre syndicale des Chapeaux de paille et feutre pour dames, 13, rue des Petits-Champs.

DEPASSE-LARIDAN, Président honoraire de la Chambre syndicale de la Bonneterie et de la Ganterie, 34, rue des Bourdonnais.

FALCIMAIGNE, Président de la Chambre syndicale des Parapluies et Ombrelles, 91, boulevard Sébastopol.

MM.

FELIX, 15, rue du Faubourg-Saint-Honoré.

GILBERT-BRETON, Président de la Chambre syndicale de la Lingerie confectionnée, 29, rue du Sentier.

MORHANGE, Vice-Président de la Chambre syndicale de la Couture et de la Confection pour dames, 5, rue du Helder.

SÉJOURNAY, Vice-Président de la Chambre syndicale de la Bonneterie et de la Ganterie, 59, rue de Rivoli.

WORTH (Gaston), Ancien Président de la Chambre syndicale de la Couture et de la Confection pour dames, 7, rue de la Paix.

10e Classe

Joaillerie, Bijouterie, Orfèvrerie, Horlogerie.

Président : L. FALIZE, Membre du Conseil d'administration de l'Union centrale des Arts décoratifs, 6, rue d'Antin.

Vice-Président : M. GAILLARD, Président de la Chambre syndicale de la Bijouterie et de l'Orfèvrerie, 101, rue du Temple.

M.

AUCOC, Orfèvre-Joaillier, 6, rue de la Paix.

MM.

BARDEDIENNE, Membre du Conseil d'administration de l'Union centrale des Arts décoratifs, 30, boulevard Poissonnière.

BOIN, Ancien Président de la Chambre syndicale de l'Orfèvrerie et de la Bijouterie, 3, rue Pasquier.

BOUCHERON, Membre du Conseil d'administration de l'Union centrale des Arts décoratifs, 152, galerie de Valois (Palais-Royal).

MM.

CHRISTOFLE, Membre du Conseil d'administration de l'Union centrale des Arts décoratifs, 56, rue de Bondy.

FROMENT-MEURICE, Orfèvre-Joaillier, 372, rue Saint-Honoré.

GARNIER (Paul), Fabricant d'horlogerie, 16, rue Taitbout.

MASCURAUD, Président de la Chambre syndicale de la Bijouterie imitation, 8, rue du Général-Morin.

MM.

MASSIN, Bijoutier-Joaillier, 3, avenue de l'Opéra.

PIEL, Président honoraire de la Chambre syndicale de la Bijouterie imitation, 31, rue Meslay.

RUTEAU (L.), de la maison Topart frères, Fabricant de perles, 31, rue Chapon.

11ᵉ Classe

Éventails, Écrans.

12ᵉ Classe

Fleurs artificielles, Plumes.

13ᵉ Classe

Coiffure, Cheveux.

Président : M. FOULD, Membre du Conseil d'administration de l'Union centrale des Arts décoratifs, 37, cours la Reine.

Vice-Président : D'ISLE, Président de la Chambre syndicale des Fleurs et Plumes, 42, rue Notre-Dame-des-Victoires.

M. DEBERGHE, Fabricant d'éventails, Ancien Vice-Président de la Chambre syndicale des Éventaillistes, 2, boulevard de Strasbourg.

MM.

HÉLARD (Léon), Vice-Président de la Chambre de Commerce de Paris, 6, cité Vanneau.

LE MAIRE DE MOUY, Président de la Chambre syndicale des Fabricants de fleurs et feuilles, 125, boulevard Sébastopol.

LALOUE, Ancien Président de la Chambre syndicale des Fleurs et Plumes, 43, rue du Caire.

PETIT (Auguste), Président de la Chambre syndicale de l'Industrie des cheveux, 7, rue de la Paix.

14° Classe

Librairie, Papeterie, Publications et Journaux de mode, etc.

Président : M. TEMPLIER, Membre du Conseil d'administration de l'Union centrale des Arts décoratifs, Président du Cercle de la Librairie, 24, boulevard Saint-Michel.

Vice-Président : M. BOUSSOD (de la Maison Boussod et Valadon), Éditeur d'estampes, 9, rue Chaptal.

Mme Émeline RAYMOND, Directrice de *la Mode illustrée*, 56, rue Jacob.

MM.

CHOQUET, Président de la Chambre syndicale du Papier et des Industries qui le transforment, 13, rue de Seine.

A. FIRMIN-DIDOT, Membre du Conseil d'administration de l'Union centrale des Arts décoratifs, 56, rue Jacob.

WITTMAN, Imprimeur en taille-douce, 10, rue de l'Abbaye.

SECTION RÉTROSPECTIVE

COMITÉ DE PATRONAGE

Mmes

Vicomtesse de COURVAL.
Comtesse GREFFULHE.
Vicomtesse de JANZÉ.
Duchesse d'UZÈS.

MM.

BARDINI, à Florence.
CHABRIÈRES-ARLÈS.
Jules COMTE, Directeur des Bâtiments civils et Palais nationaux.
Rafaele ERCULEI, Directeur du Musée d'Art et d'Industrie de Rome.

MM.

J. DE FALCK, Directeur du Musée d'Art et d'Industrie de Vienne.

Prince FILANGIERI, Fondateur du Musée et de l'École des Arts industriels de Naples.

KAEMPFEN, Administrateur général des Musées nationaux.

Comte KEGLEVICH, Président de la Société hongroise des Arts décoratifs, à Budapest.

Frédéric MASSON.

Prince ODESCALCHI, à Rome.

Sir Philippe CUNLIFF OWEN, Directeur du South Kensington Museum.

POLOVTSOFF, à Saint-Pétersbourg.

RADISICS DE KUTAS, Directeur du Musée d'Art et d'Industrie de Budapest.

Armand RENAUD, Chef de la division des Beaux-Arts, Préfecture de la Seine.

ROUJON, Directeur des Beaux-Arts.

SCALA, Directeur du Musée industriel et commercial de Vienne.

SOBKO, Secrétaire général de la Société impériale d'Encouragement aux Beaux-Arts, à Saint-Pétersbourg.

Comte de VALENCIA de DON JUAN, Directeur de l'Armeria Real, à Madrid.

COMITÉ D'ORGANISATION

Président :

M. DARCEL, Vice-Président de l'Union centrale des Arts décoratifs, Directeur du Musée de Cluny.

Vice-Présidents :

MM.

DE LASTEYRIE, Membre de l'Institut, professeur à l'École nationale des Chartes.

FOULC.

GASNAULT, Conservateur du Musée des Arts décoratifs.

Secrétaire :

MM. FAUCOU (Lucien), Conservateur adjoint de la Bibliothèque et du Musée historique de la ville de Paris, Directeur de *l'Intermédiaire des Chercheurs et des Curieux.*

Secrétaires adjoints :

MM.

GAUCHERY, Secrétaire de la Conservation du Musée des Arts décoratifs.

MATHIEU, Attaché à la Conservation du Musée des Arts décoratifs.

METMAN, Attaché à la Conservation du Musée des Arts décoratifs.

~~~~~~~~~~~~~~~~~~~~~

GROUPE 1. — HISTOIRE DU COSTUME FÉMININ.

Ire CLASSE. — *Histoire du costume féminin par les œuvres d'art :
Peintures, Sculptures, Miniatures, Dessins, Estampes, Photographies.*

Sculptures.

MM

Edmond BONNAFFÉ.

CARTAULT (Augustin), Professeur
à la Sorbonne.

COURAJOD, Membre du Conseil
d'administration de l'Union
centrale des Arts décoratifs.

Édouard DELESSERT.

DESMOTTES.

Gustave DREYFUS, Membre du
Conseil d'administration de
l'Union centrale des Arts décoratifs.

FEUARDENT.

Héron de VILLEFOSSE, Membre
de l'Institut.

LE BRETON, Conservateur des
Musées archéologique et céramique.

MACIET, Membre du Conseil
d'administration de l'Union
centrale des Arts décoratifs.

DE MONTAIGLON, Professeur à l'E-
cole nationale des Chartes.

Peintures Miniatures et Dessins.

MM.

BÉRALDI, Membre du Conseil
d'administration de l'Union
centrale des Arts décoratifs.

BEURDELEY.

DUPLESSIS, Membre du Conseil
d'administration de l'Union
centrale des Arts décoratifs,
Membre de l'Institut.

MUNTZ, Conservateur des collections à l'Ecole des Beaux-Arts.

TAIGNY, Membre du Conseil d'administration de l'Union centrale des Arts décoratifs.

Estampes.

MM.

Germain BAPST, Secrétaire du
Conseil d'administration de
l'Union centrale des Arts décoratifs.

BOUCHOT, Bibliothécaire à la Bibliothèque nationale.

M.

KRAFFT, Membre du Conseil d'administration de l'Union centrale des Arts décoratifs.

MM.

MONVAL, Archiviste de la Comédie-Française.
NUITTER, Bibliothécaire-Archiviste de l'Opéra.

2° CLASSE. — *Costumes féminins.*

Costumes nationaux des divers peuples du monde.

MM.

HAMY, Membre de l'Institut, Conservateur du Musée d'Ethnographie.
Félix REGAMEY, Artiste peintre.
BING.
BRENOT.
DRU (Léon).
GONSE, Rédacteur en chef de la *Gazette des Beaux-Arts.*
GUIMET.
GUTPERLE.

Costumes nationaux de la France par provinces et Costumes de théâtre.

MM.

BONNEMÈRE, Président de la Société artistique et littéraire de l'Ouest.
CARPEZAT, Artiste décorateur.
CLAIRIN, Artiste peintre.
DELAMARRE-DIDOT, Membre du Conseil d'administration de l'Union centrale des Arts décoratifs.

MM.

FLAMENG, Artiste peintre.
JAMBON, Artiste décorateur.
LELOIR, Artiste peintre.

Restitutions de Costumes anciens.

Mme DIEULAFOY.

MM.

BIANCHINI, Dessinateur de l'Opéra et de la Comédie-Française.
LACOSTE, Dessinateur de l'Opéra.
THOMAS, Dessinateur de l'Opéra.

Fragments de Costumes, Étoffes, Passementeries, etc.

MM.

Guillaume BEER.
GIRAUD, Conservateur du Musée archéologique de Lyon.
TERME, Conservateur du Musée historique des tissus, à Lyon.
WEBER.

Chaussures et Coiffures.

M. Germain BAPST.

Groupe II. — ŒUVRES ET OBJETS D'ART A L'USAGE DE LA FEMME.

3ᵉ Classe. — *Ornements de la femme.*

Bijouterie.

MM.

Boin, Ancien Président de la Chambre syndicale de la Bijouterie.

Boucheron, Membre du Conseil d'administration de l'Union centrale des Arts décoratifs.

Doisteau.

MM.

Éphrussi (Charles), Membre du Conseil d'administration de l'Union centrale des Arts décoratifs.

Falize, Membre du Conseil d'administration de l'Union centrale des Arts décoratifs.

Garnier (Paul).

Piet-Lataudrie.

4ᵉ Classe. — *Instruments de toilette et de travail de la femme.*

Mᵐᵉˢ

Duruy (Georges).

Spitzer.

MM.

Gasnault, Conservateur du Musée des Arts décoratifs.

Dʳ Piogey.

MM

Yriarte, Inspecteur des Beaux-Arts.

Duseigneur.

Foulc.

Gille (Philippe).

Lesecq des Tournelles.

Molinier, Rédacteur en Chef de *l'Art*.

5ᵉ Classe. — *Mobilier féminin.*

MM.

Corroyer, Membre du Conseil d'administration de l'Union centrale des Arts décoratifs.

Gélis-Didot.

MM.

Rossigneux, Membre du Conseil d'administration de l'Union centrale des Arts décoratifs.

Williamson, Administrateur du Garde-Meuble national.

6e Classe. — *Œuvres d'art ayant appartenu à des femmes célèbres.*

MM.

Baignières.

Marquis de Biencourt, Membre du Conseil d'aministration de l'Union centrale des Arts décoratifs.

Marquis de Biron, Membre du Conseil d'administration de l'Union centrale des Arts décoratifs.

MM.

Comte de Reiset.

Duc de Sabran, Membre du Conseil d'administration de l'Union centrale des Arts décoratifs.

Marquis de Vogüé, Membre de l'Institut.

Groupe III. — TRAVAUX D'ART FÉMININS.

7e Classe. — *Beaux-Arts, Peinture, Sculpture, Gravure, Dessins.*

MM.

Berthault.

De Champeaux, Conservateur de la Bibliothèque de l'Union centrale des Arts décoratifs.

Féral.

MM.

De Ganay, Membre du Conseil d'administration de l'Union centrale des Arts décoratifs.

Mahou, Membre du Conseil d'administration de l'Union centrale des Arts décoratifs.

8e Classe. — *Broderies, Tapisseries, Dentelles.*

MM.

Emmanuel Bocher, Membre honoraire du Conseil d'administration de l'Union centrale des Arts décoratifs.

Chatel, Membre du Conseil d'administration de l'Union centrale des Arts décoratifs.

Coche.

Darcel (Henri).

MM.

L. de Farcy.

Lefébure, Secrétaire du Conseil d'administration de l'Union centrale des Arts décoratifs.

Léonce Leroux.

Mannheim, Membre du Conseil d'administration de l'Union centrale des Arts décoratifs

Martin Leroy.

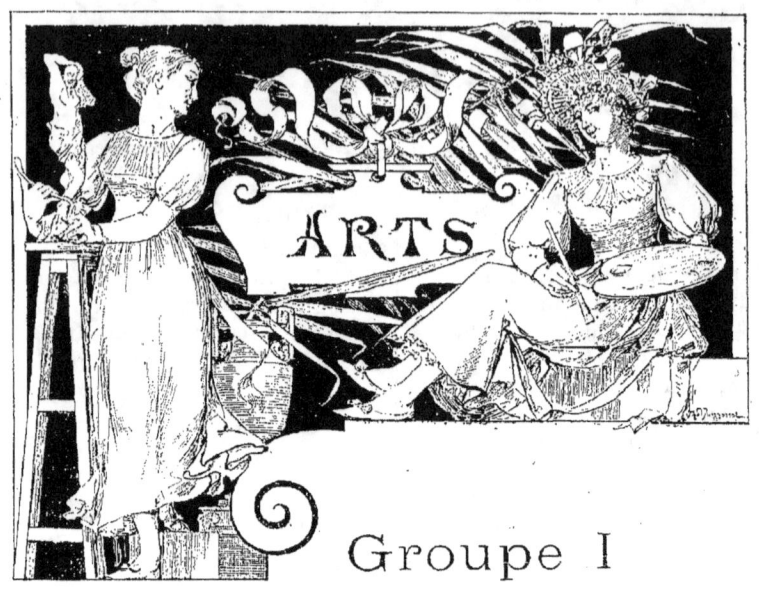

Groupe I

PEINTURE

MINIATURES — DESSINS — GRAVURES

SALLES XIV ET XVIII

Mlle **Abbema** (Louise), 47, rue Laffitte, Paris.
1 *Portrait de M. Abbema.*
5 *Panneau décoratif (Japon).*

Mme **Adams** (Liliane), 18, rue Magenta (Asnières).
6 *Miniature.*

Mlle **Adrien** (Marie), 71, avenue Kléber.
7 *Aquarelle (fleurs).*

Mlle **Arnaud**, 18, rue de Chabrol.
9 *Nature morte.*
10 *Nature morte.*

Mlle **Art** (Berthe), 18, rue d'Amsterdam.

11 *Pastel (nature morte).*

12 *Pastel (nature morte).*

Mlle **Astier** (Jeanne), 4, rue Française.

13 *Aquarelle (fleurs).*

Mme **Avez-Délit**, 8, rue Damrémont.

14 *Miniatures.*

Mlle **Baker** (Ellen Kendall), 11, rue Lemaître, Puteaux.

15 *Pastel (le déjeuner).*

16 *Pastel (le printemps).*

Mlle **Barjeas** (Jeanne), 97, rue Vieille-du-Temple.

17 *Miniatures.*

Mlle **Barrelier** (Jeanne), 79, rue Boursault.

18 *Miniatures.*

Mlle **Basset** (Marie), 12, boulevard du Temple.

19 *Miniatures.*

20 *Miniatures.*

Mlle **Bashkirtseff** (Feu Marie).

21 *Le brouillard.*

22 *Le parapluie.*

23 *Intérieur.*

24 *Jean et Jacques.*

Mme **Baubry-Vaillant**, 83, boulevard Gouvion-Saint-Cyr.

25 *Pastel (jeune Japonaise peignant une bande de papier).*

26 *Pastel (la coiffure au Japon).*

27 *Pastel (figurines japonaises).*

28 *Pastel (Japonaise chez elle).*

29 *Pastel (pousse-pousse).*

30 *Pastel (promenade du soir, jeune fille).*

Mlle **Bazin** (Marguerite), 38, rue de Turin.

31 *Miniature.*

32 *Miniature.*

Mlle **Beck** (Julia), villa du Progrès, Vaucresson (Seine-et-Oise).

33 *Crépuscule à Saint-Cucufa.*

34 *Pages de missel.*

Mlle **Berger** (Jeanne), 21, boulevard de Courtais, à
Moulins (Allier).
35 *Faïence peinte.*
36 *Faïence peinte.*
37 *Faïence peinte.*
38 *Faïence peinte.*
39 *Faïence peinte.*
40 *Faïence peinte.*
41 *Faïence peinte.*

Mlle **Bergerot** (Louise), 39, rue Franklin.
42 *Piété.*
43 *Nature morte.*

Mlle **Bernier** (Marie), 10, rue Saint-Germain-l'Auxer-
rois.
44 *Émaux.*

Mlle **Bertha**, 34, boulevard de Clichy.
45 *Fleurs.*
46 *Tête d'enfant.*

Mme **Bertolani** (Anna), 21, avenue Malakoff.
47 *Aquarelle (fruits).*
48 *Aquarelle (fleurs).*

Mlle **Bigelow** (Clémentine), 13, rue Boissonade.
50 *Faïence peinte.*
51 *Faïence peinte.*

Mme **Binet** (Moïna), 139, boulevard Saint-Michel.
51 *bis. Portrait.*
51 *ter. Portrait.*

Mlle **Boillat**, 42, rue de Dunkerque.
52 *Miniatures.*

Mlle **Bonifas** (Marie), 30 *bis*, rue des Carrières (Vin-
cennes).
53 *Céramique.*
54 *Céramique.*

Mᴵˡᵉ **Bonnefoi** (Jeanne),233 *bis*,Faubourg-Saint-Honoré.
55 *Tableau de genre.*

Mᴵˡᵉ **Bonomé** (Adolphine), 114, place Lafayette.
56 *Miniatures.*
57 *Miniatures.*

Mᵐᵉ **Bonvalet-Barillot**, 1, boulevard Henri IV.
58 *Fleurs*
59 *Fleurs.*

Mᴵˡᵉ **Bourges** (Léonide), rue de l'Eglise, à Auvers-sur-
Oise (Seine-et-Oise).
60 *Tableau de genre.*
61 *Retour des champs.*
62 *Tableau de genre.*

Mᴵˡᵉ **Bousquet** (du) (Hélène), 44, rue d'Assas.
63 *Nature morte.*

Mᴵˡᵉ **Boyer** (Emma), 33, rue du Petit-Musc.
64 *Porcelaine.*
65 *Miniature.*

Mᴵˡᵉ **Braunerova** (Idenka), 34, rue Notre-Dame-des-
Champs.
66 *Coquelicots.*
67 *Bords du Loing.*
68 *Paysages en un cadre.*

Mᴵˡᵉ **Brouardel** (Laure), Faculté de médecine.
69 *Portrait.*
70 *Portrait.*
72 *Vue de la douane de Venise.*

Mᵐᵉ **Brown** (Henriette ᴅᴇ Sᴀᴜx), 31, rue Jean-Goujon.
73 *Portrait de Mᵐᵉ P...*
74 *Portrait du baron de S...*
75 *Portrait de Mᴵˡᵉ E. D...*
76 *Portrait de Mᴵˡᵉ du T...*
77 *Portrait de Mᴵˡᵉ S. A...*
78 *La pharmacie.*
79 *École du Caire.*
80 *Les Coptes.*

LA PARISIENNE DU SIÈCLE

1790 — Le Bal de la Bastille

par Poilpot.

Mlle **Brun** (Nelly), 155, faubourg Saint-Honoré.
81 *Miniatures.*

Mme **Buchet** (Julie), 105, rue Notre-Dame-des-Champs.
82 *Portrait.*
83 *Nature morte.*
84 *Portrait.*
85 *Tableau de genre.*

Mlle **Burgkan** (Berthe), 6, rue Boissonade.
86 *Portrait.*
87 *Pastel (Jeannette).*

Mlle **Calmbacher** (Jeanne), 157, faubourg Saint-Honoré.
88 *Aquarelle (fleurs).*

Mme **Canoby** (Marie), 3, quai Malaquais.
89 *Glaïeuls.*

Mlle **Celle** (Marthe de la), 8, rue de Tournon.
90 *Aquarelle (fleurs).*

Mlle **Chauchefoin** (Marie), 62, rue de Turenne.
91 *Miniature.*

Mlle **Chavagnat** (Antoinette), 11, rue Chanzy, Nanterre.
92 *Fleurs.*

Mlle **Chennevière** (Cécile), 13, rue Sévigné.
93 *Aquarelle (tête d'étude).*
94 *Aquarelle (femme au béret).*

Mlle **Chenu**.
95 *Portrait.*
96 *Portrait.*

Mlle **Clère** (Louise), 52, rue de Paris.
96 *bis Miniature.*

Mlle **Collard** (Marie), 16, rue des Vingt-Deux, Liège
(Belgique).
97 *Les sources de Schavaes au coucher du soleil.*
98 *Le jardin des religieuses le matin.*

Mlle **Combes** (Marie), 25, rue Lhomond.
98 *bis Miniature.*
98 *ter Miniature.*

Mlle **Contal** (Jeanne), 71, rue de Chabrol.
99 *Miniature.*

Mme **Courty** (Elisabeth), 11, rue Cassette.
100 *Fleurs.*
101 *Tête d'étude.*
102 *Portrait de M. G. B...*
103 *Fleurs.*

Mme **Delettrez** (Anne), 56, rue de la Victoire.
103 *bis Ecran.*

Mlle **Desanty** (Henriette), 41, rue Laffitte.
104 *Iris.*

Mme **Descamps-Sabouret** (Louisa), 11, rue de la Présentation.
105 *Nature morte.*
106 *Printemps.*
107 *Portrait d'enfant.*
108 *Pivoines.*
109 *Bouderie (perruches).*
110 *Hirondelles et oranges.*
111 *Fleurs de printemps.*

Mlle **Desliens**, 7, rue de Vaugirard.
112 *Lilas.*
113 *Portrait de Mlle B...*

Mlle **Dubois** (Jeanne), 5, rue des Vosges.
114 *Gravure.*
114 B *Portrait.*
114 c *Miniature.*

Mlle **Dufau** (Clémentine), 12, rue Pergolèse.
115 *Chez l'horticulteur.*
115 B *Dessins divers.*
116 *Étude de nu.*
116 B *Dessins divers.*

Mlle **Enault** (Alix), 80, rue Taitbout.
117 *Premier deuil.*

Mlle **Fabre** (Henriette), 6, rue Jean-Lantier.
118 *Miniatures.*

Mlle **Fauvel** (Blanche), 8, boulevard de Vaugirard.
119 *Chiens de chasse.*

Mlle **Faux** (Eugénie), 7, boulevard Péreire.
120 *Fleurs.*

Mlle **Félix** (Marie), 23, quai de la Tournelle.
121 *Gravure (Villanella).*
122 *Gravure (canetons d'Algérie).*

Mlle **Fichel** (Jeanne), 36, rue Fortuny.
123 *Portrait de M. J. W...*
124 *Portrait de Mme J. S...*
125 *Les fleurs.*

Mme **Fidide** (Maria), 29, avenue de l'Abreuvoir, à
 Marly-le-Roi.
126 *Reliure de livre.*
127 *Modèle d'étoffe d'ameublement.*
128 *Modèle de céramique.*
129 *Reliure de livre.*
130 *Modèle de céramique.*
131 *Modèle d'étoffe d'ameublement.*
132 *Modèle d'étoffe d'ameublement.*

Mlle **Firnhaber** (Élise), 42, avenue du Chemin-de-Fer,
 à Chatou.
133 *Le maraîcher.*

Mlle **Fleuriot de Langle** (Caroline), 15, boulevard de
 Courcelles.
134 *Feuille de paravent.*
135 *Feuille de paravent.*
136 *Vitrail (attributs Louis XV).*

Mme **Formstecher** (Hélène), 8, boulevard de Clichy.
137 *Eau-forte.*
138 *Eau-forte.*

Mlle **Francin** (Marie), 81, avenue des Ternes.

139 *Panneau pour paravent.*

139B *Intérieur (ferme, eau-forte).*

139c *Intérieur (ferme, eau-forte).*

Mlle **Gabriel-Nicolas** (Berthe), 13, rue Perdonnet.

140 *Émaux.*

141 *Miniature.*

142 *Émail.*

143 *Émail.*

Mlle **Geoffroy** (Noémie), 106, avenue de Villiers.

143 bis *Aquarelle (nature morte).*

Mlle **Gerderès** (Jeanne), 36, rue Fontaine-au-Roi.

144 *Aquarelle (fleurs).*

Mme **Giard** (Emma), 67, Grande-Rue, à Saint-Mandé.

145 *Jeanne d'Arc d'après Ingres.*

Mlle **Girbaud**, 3, place du Palais-Bourbon.

145bis *Un cadre miniatures.*

Mme **Girod** (Émilie-Léopoldine), à Blain (Loire-Inférieure).

146 *Céramique.*

147 *Céramique.*

148 *Céramique.*

149 *Écran à main.*

150 *Tambour de basque.*

151 *Miniatures.*

152 *Miniatures.*

Mlle **Godin** (Françoise), 90, faubourg Saint-Martin.

153 *Portrait.*

154 *Portrait.*

155 *Portrait.*

156 *Portrait.*

157 *Tableau de genre*

158 *Portrait.*

159 *Portrait.*

160 *Portrait.*

Mlle **Goerend** (Marie), 58, rue Leibnitz.
161 *Miniature.*

Mlle **Guérin** (Marie), 59, rue de Chaillot.
162 *Miniatures.*

Mme **Guichard** (Louise), 3, rue des Perchamps.
163 *Eau-forte.*

Mlle **Guyon** (Émilienne), 13, faubourg Montmartre.
164 *Sept paysages en un cadre.*

Mlle **Guyon** (Maximilienne), 9, rue Alphonse-de-Neu-
ville.
165 *Portrait.*
166 *Tableau de genre.*
167 *Tableau de genre.*
168 *Portrait.*
169 *Pastel (portrait).*

Mlle **Guysi** (Alice), 9, impasse du Maine.
170 *Confidences.*
171 *Nature morte.*

Mlle **Hadainard** (Blanche), 5, rue Molière.
172 *Aquarelle (fleurs).*

Mlle **Hémery** (Marthe), 120, rue de Montreuil, à Vin-
cennes.
173 *Éventail.*

Mlle **H'Enneirda**, 1, rue Saint-Roch.
175 *Dessin (projet d'illustration).*
176 *Céramique (plat décoré).*

Mlle **Hermann** (Louise), 154, boulevard Malesherbes.
177 *Aquarelle (chardon).*
178 *Aquarelle (livre et lampe).*
179 *Dessin (soldat).*
180 *Eau-forte.*

Mlle **Heymann** (Octavie), 45, boulevard Saint-Martin.
181 *Nature morte.*

Mlle **Hottot** (Marie), 26, rue des Dames.
182 *Miniatures*.

Mlle **Houssay** (Joséphine), 49, quai des Grands-Augus-
tins.
183 *Portrait*.
184 *Pastel*.

Mlle **Huillard** (Esther), 34, rue Eugène-Flachat.
185 *Pastel*.
186 *Portrait de femme*.

Mme **Isbert** (Camille), 15, rue Labruyère.
187 *Miniature*.

Mlle **Jamet**.
188 *Dessin (étude)*.

Mlle **Jankowska** (Marie), 11, rue Cassette.
189 *Éventail*.
190 *Éventail*.
191 *Éventail*.

Mme **Jourdain** (Juliette), 135, rue Mozart.
192 *Céramique*
193 *Céramique*.

Mme **Kiener** (Alice), 75, rue des Batignolles.
195 *Miniature*.

Mlle **Koch** (Élisa), 36, boulevard de Clichy.
196 *Portrait*.

Mme **Lamansky** (Alexandrine de), 88, Moïka, Saint-
Pétersbourg.
197 *Éventail*.
198 *Écran*.
199 *Éventail*.
200 *Éventail*.

Mme **Lapasset** (Jeanne), 23, rue François-Miron.
201 *Miniatures sur ivoire*.

Mme **Latena** (de).
202 *Dessin.*

Mme **Latruffe-Colomb** (Marie), 5, rue Lebouteux.
203 *Miniatures.*

Mlle **Launay** (Régine de), 48, rue Vavin.
204 *Aquarelle (fleurs).*
205 *Aquarelle (fleurs).*

Mlle **Laurens** (Jeanne), 32, avenue Wagram.
206 *Miniatures.*

Mme **Laurent-Desrieux** (Mathilde), 17, cité Malesherbes.
207 *Portrait.*
208 *Portrait.*
209 *Portrait.*

Mlle **La Villette** (Elodie), rue Amiral-Courbet, Lorient.
210 *La mer au Port blanc.*
211 *Marée basse au Fozo.*

Mlle **Leigh** (Rose), 41, rue Grétry, Bruxelles.
212 *Paysage.*

Mlle **Lemaire** (Suzanne), 31, rue Monceau.
213 *Glaïeuls.*
214 *Aquarelle (raisins).*
215 *Lilas.*
216 *Capucines.*
217 *Fleurs de ronces.*

Mme **Lemaire** (Madeleine), 31, rue Monceau.
218 *Prunes.*
219 *Méditation.*
220 *Éventail.*

Mlle **Lemaître.**
221 *Étude de nu.*

Mme **Luminais** (Hélène), 17, boulevard Lannes.
222 *Étude de nu.*
223 *Panneau décoratif.*

224 *Panneau décoratif.*
225 *Tableau de genre.*
226 *Tête d'étude.*
227 *Tableau de genre.*
228 *Saint Michel archange.*

Mlle **Maih** (Blanche de), 240, faubourg Saint-Honoré.
229 *Portrait.*

Mlle **Maitret** (Andrée), 2, rue des Plantes.
230 *Miniatures.*

Mlle **Marchon** (Geneviève), 9, rue Barye.
231 *Miniatures.*

Mlle **Martinez** (Gabrielle), 30, rue de Bruxelles.
232 *Intérieur d'habitation.*

Mme **Matrat** (Clémence), 61, avenue d'Orléans.
233 *Éventail (gouache).*

Mme **Matrod-Desmurs** (Berthe), 45, rue Laffitte.
234 *Émail.*
235 *Miniatures.*
236 *Céramique.*

Mme **Maury** (Rose), 18, rue Bonaparte.
236 bis *Rêveuse.*

Mme **Mazeline** (Jehanne), 7, rue Daubigny.
237 *Tête espagnole.*
238 *Tête italienne.*
239 *Un mariage à Saint-Macloud.*

Mlle **Mercier** (Louise), 19, rue de Lille.
240 *Portrait de M. C. M...*
241 *Portrait de Mme C. M...*
242 *Portrait de Mlle J. L...*
243 *Liseuse.*
244 *Tête d'enfant.*
245 *Tête d'enfant.*
246 *Tête d'enfant.*

Mlle **Mercier** (Ruth), à Cannes (Alpes-Maritimes).
247 *Aquarelle (bateau)*.
248 *Aquarelle (marchand de fleurs)*.
249 *Aquarelle (bateau coque jaune)*.
250 *Aquarelle (bateaux, gouvernails)*.
251 *Aquarelle (paysage)*.
252 *Aquarelle (marine, gondole)*.
253 *Aquarelle (bateaux sur la plage)*.
254 *Aquarelle (anémones)*.

Mme **Metz** (Émélie de), 19, rue Chanzy (Asnières).
255 *Nature morte*.
256 *Nature morte*.

Mlle **Meyrueis** (Renée), 172, rue de la Pompe.
257 *Dessin (étude)*.
258 *Pastel (étude)*.

Mlle **Mille-Noé** (Clary), 30, rue des Apennins.
259 *Miniature*.

Mlle **Moria** (Blanche), 29, rue Fineuse.
260 *Pastel (la Cigale)*.
261 *Dessin (portrait de Mlle M...)*.
262 *Dessin (portrait de Mme P...)*.

Mme **Moye**, 8, rue du Dragon.
263 *Missel*.

Mme **Naintré** (de), 20, rue de Vaugirard.
264 *Saint-Sauveur*.
265 *La chute de la pique*.
266 *Au bord du Clain*.
267 *Étang du bois Fleury*.
268 *Château de Pau*.
269 *Le petit Trianon*.

Mlle **Pélissier** (Amélie), 10, boulevard Raspail.
270 *La nuit*.
271 *Une diane*.

Mme **Peyrol-Bonheur** (Feue), 14, rue Crussol.
272 *Falaise*.
273 *La halte*.
274 *Le chemin creux*.
275 *Vaches au pré*.

Mlle **Piron** (Valérie), 101, avenue de Villiers.
276 *Miniatures.*

Mlle **Poly** (Clémence), 64, rue Amelot.
277 *Porcelaine peinte.*
278 *Porcelaine peinte.*

Mlle **Poynot** (Gabrielle), 6, rue Mayet.
279 *Le soir (gravure).*
280 *Lisette (gravure).*

Mme **Prieur** (Marie), 18, rue de la Mairie (Boulogne-sur-Seine).
281 *3 feuilles (paravents Louis XVI).*

Mme **Ransy-Putzeys** (Félicie), 57, rue du Parc (Liège-Belgique).
281 *bis Paysage (Pauvre chaumière en Campine).*
281 *ter Paysage (Approche du soir en Campine).*

Mme **Ravaux** (Rose), 23, rue Bolivar.
282 *Éventail (gouache).*

Mlle **Raynaud** (Sophie), 31, rue Beaurepaire.
283 *Porcelaine peinte.*
284 *Porcelaine peinte.*
285 *Porcelaine peinte.*
286 *Porcelaine peinte.*
287 *Porcelaine peinte,*

Mlle **Rehm** (Marie), 218, boulevard Raspail,
288 *Portrait de M. A. D...*
288 *bis Paysage.*
288 *ter Portrait aquarelle.*

Mlle **Rehm** (Victorine), 218, boulevard Raspail.
289 *Émaux.*

Mlle **Relin** (Marie), 23, quai d'Anjou.
290 *Éventail (gouache).*
291 *Éventail (gouache).*
292 *Éventail (gouache).*
293 *Éventail (gouache).*
294 *Miniatures.*
295 *Peinture décorative (gouache).*

Mlle **Rey** (Léonette), 164, boulevard Haussmann.
296 *Aquarelle (nature morte).*

Mlle **Richard** (Hortense), 6, rue Bara.
297 *Miniature sur porcelaine.*
298 *Miniature sur porcelaine.*

Mlle **Richardin** (Mathilde), 7, place Voltaire.
299 *Vitrail.*

Mlle **Robert** (Berthe), 237, faubourg Saint-Honoré.
300 *Miniatures.*
301 *Miniatures.*

Mme **Roman-Jérôme**, 28, rue de Berlin.
302 *Aquarelle (fleurs).*

Mlle **Rongier** (Jeanne), 48, boulevard des Batignolles.
303 *Portrait.*

Mme **Ronner** (Henriette), 57, chaussée de Vleurgat,
Bruxelles.
304 *Coquetterie.*

Mlle **Ronner** (Alice), 57, chaussée de Vleurgat, Bruxelles.
305 *Nature morte (le héron).*

Mlle **Seguin** (Antoinette), 1, rue Ballu.
306 *Miniatures.*

Mlle **Souhart**, 30, rue Cardinet.
307 *Miniatures.*
308 *Miniatures.*

Mme **Triest-Van Mulders**.
309 *Fleurs.*

Mme **Vallet** (Frédérique), 17, avenue Gourgaud.
312 *Vendanges normandes.*
313 *Sous la voilette.*

Mme **Verdier** (Louise), 136, rue Saint-Denis.
314 *Miniature sur ivoire.*

Mᶩᶫᵉ **Viger**, 7, passage Stanislas.
315 *Nature morte.*

Mᶩᶫᵉ **Villebessey** (Jenny), 26, rue Victor-Massé.
316 *Fleurs.*
317 *Nature morte.*
318 *Nature morte.*
318 ʙ *Nature morte.*
319 *Faïence peinte.*
319 ʙ *Faïence peinte.*

Mᶩᶫᵉ **Voruz** (Élise), 48, boulevard des Batignolles.
320 *Panneau décoratif.*
321 *Panneau décoratif.*
322 *Eau-forte.*
323 *Eau-forte.*
324 *Eau-forte.*
325 *Eau-forte.*

Mᶩᶫᵉ **Wishinghaussen**, 7, rue Boccador.
326 *Forêt.*

Mᶩᶫᵉ **Zillhardt** (Jenny), 16, avenue Niel.
327 *Fleurs et fruits.*
328 *Portrait.*
329 *Portrait.*
330 *Portrait.*

SCULPTURE

SALLES XIV ET XVIII

Mme **Aron-Caen**, Anvers-sur-Oise (Seine-et-Oise)
1 *Buste, terre-cuite (portrait du docteur Violet).*

Mlle **Bashkirtseff** (Feue Marie).
2 *Nausicaa.*

Mme **Besnard**, 17, rue Guillaume-Tell.
3 *Terre cuite.*
4 *Plâtre bronzé (baigneuse).*
5 *Plâtre bronzé (tête de femme).*
6 *Plâtre bronzé (baigneuse).*
7 *Plâtre bronzé (baigneuse).*
8 *Plâtre bronzé (femme et enfant).*
9 *Plâtre (tête de femme).*
9bis *Céramique (fillette).*

Mme **Clovis Hugues**, 87, rue Lepic.
10 *Maître Gattineau.*
11 *M. Clovis Hugues.*
12 *Jeanne de Valbelle.*
12B *Docteur Béraud, député de Vaucluse.*

Mme **Coutan** (Laure), 3, impasse Gaudelet.
13 *Buste de Mlle Georges Maldague.*
15 *Buste, plâtre (André Gill).*
16 *Buste, bronze.*
17 *Statuette, bronze.*

Mme **Galland** (Marie), 67, rue Rochechouart.
18 *Les yeux dans la tombe (buste).*

Mlle **Itasse** (Jeanne), 233, faubourg Saint-Honoré.
19 *Bronze (harpiste égyptienne).*
20 *Terre cuite (épreuve).*

Mlle **Jamet.**
21 *Miroir (bronze et modèle plâtre).*

Mme **Latena** (de).
22 *Terre cuite (Lakmé).*
23 *Terre cuite (Nydia).*

Mme **Latry** (Arma), 26, avenue de la Grande-Armée.
24 *Bronze (Cendrillon).*

Mme **Léonard** (Gustave), 54, rue Saint-Lazare.
25 *Plâtre (extase de sainte Cécile).*

Mlle **Matton** (Ida), 50, avenue d'Iéna.
26 *Buste de Mlle Bocquet.*
27 *Buste de Mlle Merlin.*

Mme **Morin** (Blanche-Adèle), 29, rue Vineuse.
28 *Ah ! quelle veine, encore un.*
29 *Électre (buste).*
30 *Etude (plâtre).*
31 *Bas-relief (invocation de sainte Madeleine).*
32 *Statue (poésie).*

Mme **Signoret-Ledieu** (Lucie), 72, faubourg Saint-Jacques.
33 *Le travail et l'étude.*
34 *Statuette, marbre (nymphe).*
35 *Statuette, marbre (enfant en prière).*
36 *Plâtre (croisé).*
37 *Terre cuite (étude de femme).*

Mme **Verdier**, née **Ramelet** (Marie), 72, boulevard Beaumarchais.
38 *Médaillon plâtre (tête de femme).*

MANUFACTURES NATIONALES

Les objets que la Manufacture de Sèvres a envoyés à l'Exposition des arts de la femme sont divisés en trois séries spéciales :

1° Tableaux sur porcelaine ; 2° vases et objets divers ; 3° études peintes et projets de décoration.

La première série se compose de huit tableaux, qui ont été exécutés de 1826 à 1840 par Mmes Jaquotot, Ducluzeau et Laurent.

Mme Jaquotot est représentée par trois tableaux sur porcelaine, qui sont : *un Portrait*, d'après Van Dyck ; *l'Ensevelissement d'Atala*, d'après Girodet ; *Sainte Cécile*, d'après Raphaël ; Mme Ducluzeau : *Sainte Thérèse*, d'après Gérard ; la *Vierge au silence*, d'après Carrache ; le *Portrait de Van Dyck*, d'après Van Dyck, et la *Vierge au Voile*, d'après Raphaël ; enfin, Mme Laurent a peint le *Charles Ier*, d'après Van Dyck.

Les vases de la Manufacture de Sèvres sont au nombre de huit. Ils ont pour auteurs Mme Laurent (vase Bachelier en porcelaine tendre), Mme Apoil (deux vases de Laporte, émail blanc sur fond bleu et deux vases Stéphanus), Mme Escallier (vase Novi première grandeur, vase Salamine et vase Bullant). On remarque, en outre, de Mlle Moriot, un cendrier oval et deux cendriers oblongs ; de Mme Escallier, une caisse à fleurs, et de Mme Apoil, une gourde d'Asti.

La série des études peintes et projets exécutés est tout entière de Mme Escallier. Il s'y trouve notamment deux projets pour le Vase aux perroquets, un projet pour le Vase de la Ville de Paris et un projet pour le Vase aux geais.

La salle XX contient également des tapisseries de la Manufacture des Gobelins.

Cette exposition se compose de trois panneaux ; deux d'entre eux ont été exécutés d'après des peintures de Paul Baudry ; ce sont : « le Printemps et l'Été » et « le Toucher ». Le troisième a été fait d'après une peinture de M. P.-V. Galland ; il est intitulé : « le Trépied d'or ». De la Manufacture des Gobelins, également, proviennent quatre fauteuils, dont deux tissés et deux autres brodés au petit point.

Dans cette même salle, enfin, se trouvent les envois de la Manufacture de Beauvais, au nombre de dix-sept pièces. Ce sont d'abord trois canapés, un écran et deux fauteuils exécutés d'après les modèles de Quost, de Badin, de Gaudefroy, de Muller et d'Oudry. C'est ensuite une série de onze tapisseries faites d'après les peintures de Chabal-Dussurgey, Ph. Rousseau, Mazerolle et M. Français.

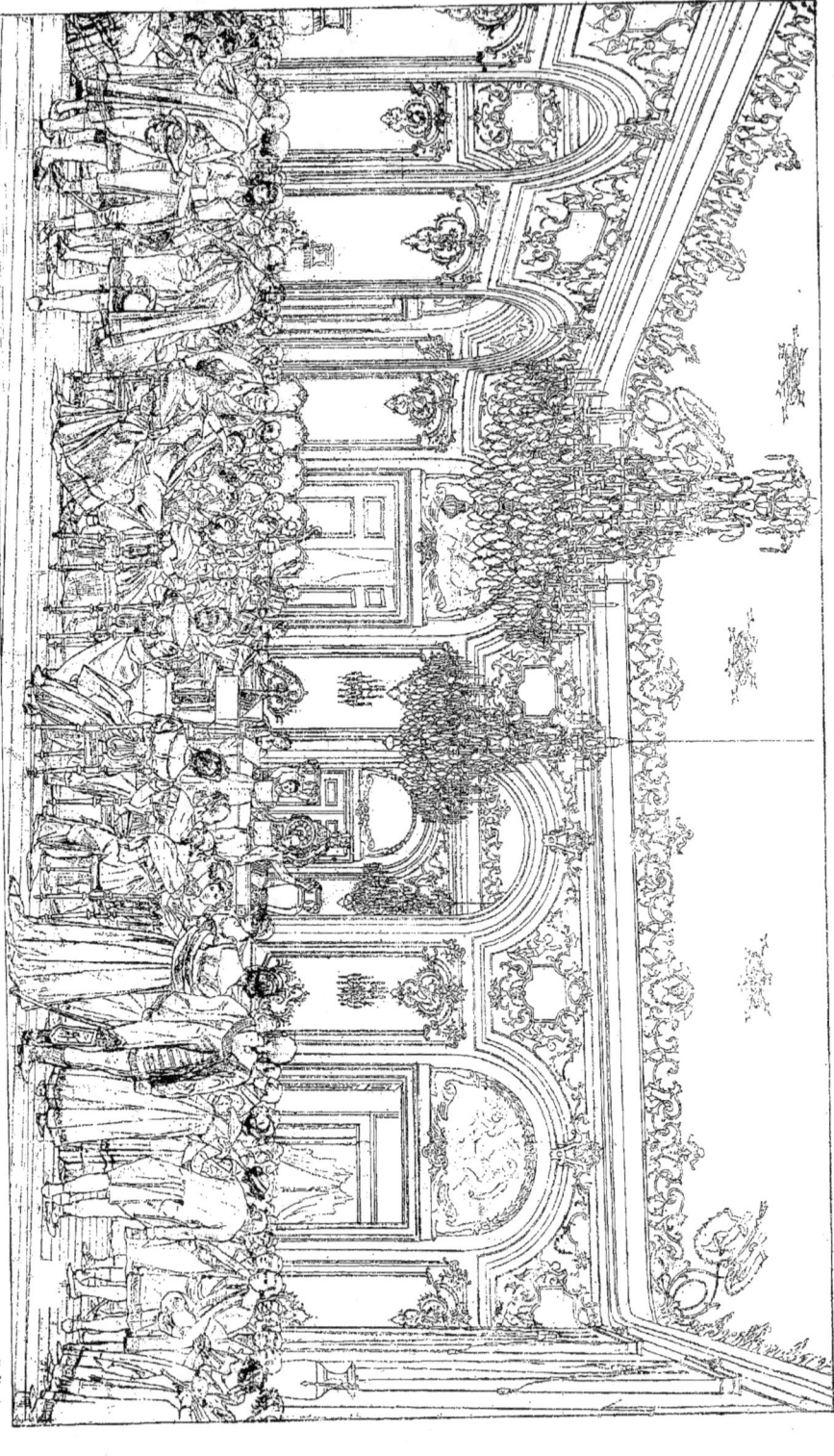

1798. — Une Soirée chez Barras, au Petit Luxembourg

par Poilpot.

TRAVAUX D'ART FÉMININS

Broderies, Tapisseries, Dentelles, etc.

SALLES XXII et XXIV

COMITÉ DE DAMES PRÉSIDÉ PAR Mme PAUL CHRISTOFLE

Mme Adelon.
Médaillon sur ivoire.
Une miniature.
Un buvard vernis Martin.
Un éventail.

La comtesse de l'Aigle.
Abat-jour peint.

La comtesse O. Aguado.
Deux tableaux, d'après Albert Durer.

Mlle Baignères.
Un éventail encadré.
Broderie à paillettes.

Mme Léon Bessand.
Une robe d'enfant.
Une bande étamine brodée.

La comtesse de Biencourt.
Meubles et bronzes d'ameublement.

La princesse Bibesco.
Berceau pyrograver.

Mme Binder.
Bande en broderie.
Dentelle filigrane.
Dessus de piano.

4

Mme **Paul Biollay**.
Un écran.

Mme **Blanchet**.
Un panneau tapisserie.

Mme **Bouchot**.
Émail.

Mlle **Léonie Boulet**.
Tapisseries au passé.

La comtesse de Brissac.
Une aquarelle.

Mme **Brouardel**.
Chrysanthèmes.

Mlle **Bulot**.
Un paravent.

S. A. R. Madame **la duchesse de Chartres**.
Quatre aquarelles.

Mme **Charcot**.
Meubles ciselés, émaux, broderies, verres émaillés.

Mme **Chaudé**.
Un missel.

Mme **Paul Christofle**.
Broderies.

Mme **Cicile**.
Ouvrages en macranié.

Mme **Colombo**.
Un écran de cheminée.

Mme **Laure Coutan**.
Statuette marbre, la source.

Mme **Casson**.
Une série de poupées.

La baronne de Curnieu.

Un missel.
Un cadre miniature.

Mme **Delessert.**

Un écran en bois rond broderie sur fond vert.
Dentelles de soie imitée de dentelle russe.
Glands en fil et dentelles.
Broderie genre chinois sur filet.
Dentelles de couleurs.
Indienne brodée d'or.

Mme **Derrécagaix.**

Deux petits cadres.

Mme **Desgranges.**

Un cabinet avec peinture.
Trois assiettes.

Mme **G. Dreyfus.**

Un coussin brodé or.
Un carré satin blanc avec application de fleurs.

Mme **Duchanoy.**

Tapisserie au petit point.

Mme **D...**

Un paravent 3 feuilles.
Une chaise tapisserie petit point.
Un écran avec tableau à paillettes.
Un vase de fleurs brodé.
Un panneau broderie.
Deux tableaux broderie bleu.

Mme **Dybowska.**

Broderie : Portrait de S. A. R. la princesse de Galles.
Panneau : Pierrot.
Diverses broderies.

Mme **Jules Ephrussi.**
Un couvre-thé.
Broderie Louis XVI.

Mme **Escary.**
Mehari dans le désert du Sahara, tapisserie.

La baronne de Gartempe.
Un tableau, broderie à paillettes.
Deux éventails encadrés, broderie à paillettes.

Mme **de Gossellin.**
Un sac brodé œillets.
Un coussin satin blanc avec amours brodés..
Un cadre avec vierge, broderie sur velours.

La comtesse de Gramont d'Aster.
Deux écrans.
Une couverture de piano.
Quatre panneaux de boudoir.
Un éventail.
Ornements d'église.
Meubles brodés.

La comtesse Greffulhe.
Un paravent écran.
Un éventail.
Un écran à main.

Mme **de Kermaingant.**
Une aquarelle.

Mme **Jacmesson.**
Deux éventails peints.

Mme **Joly.**
Paravent, broderie.

Mme **Landaiserie.**
Bandeau de cheminée.

La baronne de Lajaille.

Un tableau brodé en soie.

Mme Louis Leclercq.

Un coussin en tapisserie au petit point.

Mme Lehideux-Vernimmen.

Un paravent.
Un couvre-pieds en point de Hongrie.

Mme de Saint-Marceau.

Une nappe brodée.

Mme Melon.

Un tableau tapisserie (Léon XIII, d'après Chartran).

La duchesse de Mouchy.

Un paravent satin blanc.
Un tapis brodé or et argent.

Mme de Nadaillac.

Un paravent.

Mme Odier.

Un panneau tapis de prière, broderies de draps et soie de couleur.
Un coussin de velours rouge.

Mme Pailleron.

Une portière soie rouge brodée au crochet.
Un dessus de lit soie rose.
Un tapis satin rouge.
Un fauteuil satin vert brodé au crochet crème.
Un bandeau velours brodé au point d'Espagne.
Une pièce satin vert au crochet d'or.
Une pièce soie rose brodée sans envers.
Un bandeau rouge en application d'étoffe.
Une pièce satin blanc.
Un vide-poche argent.
Un vide-poche or.
Un tableau tapisserie.
Un coussin point d'Espagne.
Une manche guipure argent.

Une manchette argent.
Deux morceaux guipure or.
Trois fleurs point d'Espagne.
Une coiffe point d'Espagne.
Un fond en paillettes.
Une chape or.
Une dentelle argent.
Trois fleurs de lis.
Un sac brodé.
Un buvard.
Trois papillons.
Deux têtes chinoises.
Une petite feuille.
Une pièce satin bleu et point d'Espagne.

Mᵐᵉ **Paillet.**

Un écran.
Deux coussins.

Mᵐᵉ **Pierre.**

Un panneau broderie.
Un couvre-lit broderie.

Mᵐᵉ **Strauss.**

Un paravent deux feuilles, broderie à rubans.

La baronne de Saint-Martin.

Un fauteuil Louis XVI tapisserie.

Mᵐᵉ **Vallerand de la Fosse.**

Dais appartenant à l'église de Brunoy.
Une petite table.

La baronne A. de Vaufreland.

Un couvre-pied brodé sur soie, d'après le couvre-pied de Marie-Antoinette à Trianon.

Mˡˡᵉ **Georges-Ville** (Charlotte).

Un écran monté, broderie à rubans.
Un écran velours rouge, broderie au passé.
Un tablier, broderie à rubans.
Un tableau, broderie à rubans.
Un sac, broderie à paillettes.

Mme **Wilkinson**.
Deux tableaux brodés, chrysanthèmes.

~~~~~~~~~~

Mme **Bordèse** (Luigina), 54, rue Pergolèse.
Écran broderie au passé.

Mlle **Boulet** (Madeleine).
Brodure au passé.

Mlle **Callaud** (Marie), la Haye (Pays-Bas).
Écrans (peinture sur velours).

Mme **Catoir** (Jean de Cortai), 38, rue Blanche (Bruxelles).
Paravents (Peinture sur velours).
Devants de feu en peluche.
Feuilles décoratives.

Mme Ve **Caze**, impasse de Bourgogne, Moulins (Allier).
Broderie au passé.

Mme **Ferry**, 39, rue François Ier.
Robe d'enfant faite au crochet.

Mme **Girod**, à Blain (Loire-Inférieure).
Sachet à mouchoir.

Mlle **Gouin** (Juliette), 62, rue des Écoles.
Dessus de livre au point de Hongrie.

Mme **Henry**, 7, avenue Duquesne.
Couvre-lit, guipure.

Mme **Latena** (de).
Paravent.

Mme **Lechevallier**.
Un panneau, broderie au petit point.

Mlle **Lecocq**, 110, rue du Bac.
Sachets en perle.

Mme **Lugol**, 11, rue de Téhéran.
Panneau décoratif.

Mlle **Maynard**, 4, rue Bion, Niort.
Tapisseries peintes pour panneaux décoratifs.

Mme **Monfils**, 6, avenue du Bois-de-Boulogne.
Tapisserie décorative.

Mme **Morbitz** (de).
Tapisseries pour sièges et fauteuils.

Mme **Ravaux**, 23, rue Bolivar.
Eventail.

Mlle **Rochefort**, 12, rue du Marché, Neuilly.
Dentelles à la main.

Mlle **Soudan** (au Creuzot).
Missel et canons d'autel.

Mme **Saunion** (Joachim), 42, cours des Dames, la Rochelle.
Robe en dentelles.

Mme **Werner** (Flora), 10, rue Lord-Biron.
Une chaise brodée.
Un paravent brodé.
Une bordure cheminée.

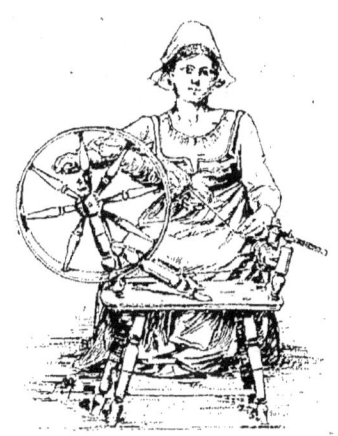

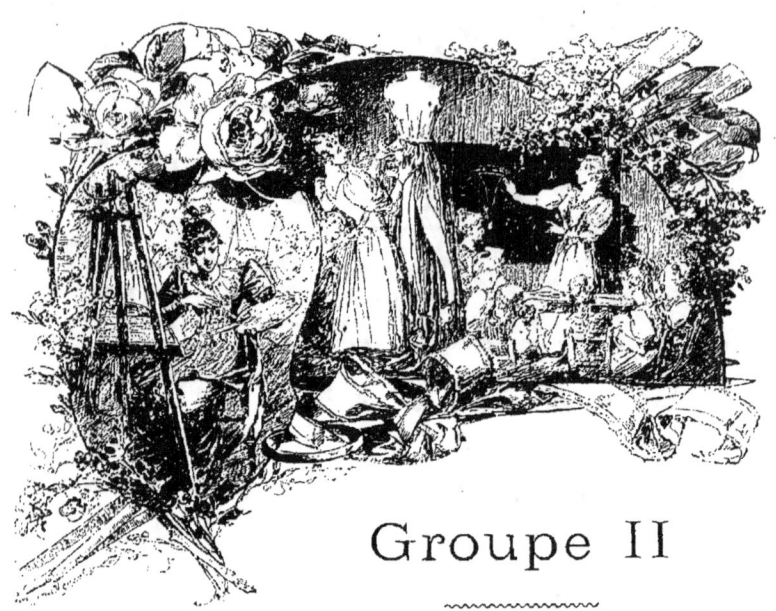

Groupe II

ENSEIGNEMENT

PROGRAMME

I

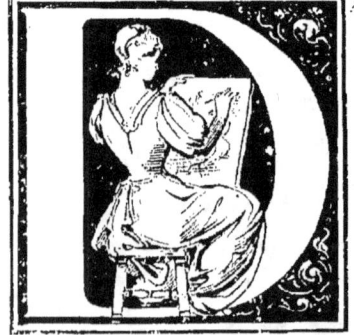ANS l'Exposition, le Groupe de l'Enseignement doit viser exclusivement des œuvres ayant un caractère très net d'applications industrielles. Ce qu'on se propose de mettre en lumière, pour les écoles ou institutions consacrées aux arts de la femme, c'est le résultat final de l'enseignement qu'elles distribuent, au point de vue des applications pratiques, industrielles ou artistiques que cet enseignement peut recevoir.

Aussi les établissements admis à prendre part à l'Exposition ne devront-ils présenter que des travaux constituant, pour ainsi dire, la consécration de leurs études, c'est-à-dire exécutés par des élèves ayant déjà parcouru tous les degrés de l'enseignement de l'école et arrivées à la dernière période de cet enseignement. C'est donc parmi les travaux de leurs cours supérieurs que les écoles ou institutions auront exclusivement à choisir les objets à envoyer à l'Exposition. L'Union centrale se propose d'ailleurs de faire exécuter par l'industrie les projets primés les plus remarquables.

Les institutions admises à figurer à l'Exposition peuvent se diviser en quatre classes :

1re classe : les écoles de dessin et d'art décoratif;

2e classe : les écoles préparant aux diverses professions qui se rattachent à l'art industriel;

3e classe : les écoles d'apprentissage;

4e classe : les institutions ayant pour but le développement des arts de la femme.

La première catégorie (école de dessin) comprend les établissements qui sont consacrés à l'enseignement général des arts du dessin, ainsi qu'à l'étude des applications diverses, industrielles, décoratives, etc., que le dessin peut recevoir, mais dans lesquels cette étude reste encore le plus souvent à l'état théorique, sans aborder l'exécution sur la matière même.

On peut indiquer, comme types d'établissements de cette catégorie : les écoles nationales des arts décoratifs de jeunes filles, la plupart des écoles de dessin subventionnées par la Ville de Paris et le cours municipal de dessin, à Lyon.

Les écoles comprises dans ce premier groupe seront admises à exposer des travaux purement graphiques, pourvu que ces travaux soient toujours susceptibles d'applications : dessins de broderies, compositions décoratives, motifs d'ornementation, etc., etc.

Quelques-unes des écoles dont il s'agit conduisent cependant leurs élèves jusqu'aux applications directes par la peinture sur faïence ou sur porcelaine, la peinture sur éventail, etc., etc.

Il est entendu que les travaux de ce genre seront admis, qu'ils proviennent d'écoles de cette catégorie ou d'écoles de la suivante.

Dans la deuxième catégorie (écoles préparant aux diverses professions qui se rattachent à l'art industriel) peuvent entrer toutes les écoles qui comportent, en même temps qu'un enseignement général, l'étude de l'application directe des arts du dessin aux spécialités industrielles où le concours de la femme est utilisé : modes, confection de costumes, broderies, peinture décorative, etc., etc.

Les écoles professionnelles établies par la Ville de Paris, les écoles Élisa Lemonnier et tous les établissements similaires appartiennent à cette deuxième catégorie.

Dans la troisième catégorie (écoles d'apprentissage) sont rangés les établissements qui préparent exclusivement à une spécialité industrielle déterminée, tels que les écoles d'apprentissage créées par les corporations pour les fleurs, les plumes, la papeterie, etc., etc.

Ces diverses classifications ne sauraient, d'ailleurs, être considérées comme inflexibles, et elles ne seront pas opposées aux établissements qui, par leur caractère mixte, n'appartiendraient pas à telles ou telles des catégories qui viennent d'être déterminées. Suivant les cas, les travaux de ces établissements seront reçus, en totalité, dans la catégorie des établissements dont l'école semblera le plus se rapprocher, ou ils seront répartis, d'après leur nature, entre les diverses classes.

Dans la quatrième catégorie figureront les institutions ayant pour but le développement des arts de la femme.

Les éléments de cette quatrième catégorie sont les institutions et les œuvres qui se proposent de favoriser les progrès des industries artistiques féminines. Trois types entre autres peuvent être cités comme exemple : la Société pour l'Enseignement professionnel des femmes (Paris), la Société des Amis du travail manuel, à Stockholm, fondée en 1874 par un groupe d'artistes et de dames (la mission de la Société est d'encourager, de soutenir pécuniairement et de pousser dans une voie artistique, en leur conservant leur caractère national, les industries exercées à domicile par les femmes ; la Société a créé sur tous les points du royaume de Suède des ateliers, des comptoirs de vente, des écoles, etc.) ; l'Œuvre pour la propagation de l'industrie artistique des retoucheuses en photographie, créée par l'Association syndicale des Photographes de Paris. Cette Association a manifesté l'intention d'organiser dans l'Exposition un atelier spécial de retouche.

A l'exception des établissements de la première catégorie (écoles de dessin), qui, ainsi qu'on l'a dit plus haut, seront autorisés à n'envoyer que des dessins, les divers établissements ou institutions, admis à participer à l'Exposition devront présenter des œuvres en nature, c'est-à-dire des objets entièrement achevés et directement utilisables ; mais, toutes les fois que le travail le comportera, il y aura lieu de joindre à l'objet les dessins qui auront servi à en préparer l'exécution.

Chaque travail devra aussi être accompagné d'une notice qui permette d'apprécier les conditions dans lesquelles il aura été effectué.

Cette notice indiquera, avec le titre et la nature de l'établissement, le nom et l'âge de l'élève auteur du travail, l'atelier ou le cours auquel elle appartient, la date de son entrée dans l'établissement, le degré de son instruction générale (si l'élève possède quelques brevets, diplômes, certificat d'études primaires, etc., il en sera fait mention).

Si le travail présenté est collectif, les mêmes renseignements devront être fournis sur chacune des élèves qui y auront concouru.

II

Programmes, méthodes et procédés d'enseignement.

En même temps qu'elle fera ressortir les résultats produits jusqu'à ce jour par l'enseignement des arts industriels, l'Exposition devra fournir à ses visiteurs le moyen de s'éclairer sur les méthodes et les procédés d'enseignement par lesquels ces résultats ont été obtenus.

Chaque école pourra envoyer les documents, imprimés ou manuscrits, contenant ces renseignements. Il sera bon qu'elle les présente, en même temps, sous une forme plus saisissante, en les résumant dans un tableau qui permette de suivre facilement la division et la progression des études, depuis les cours les plus élémentaires jusqu'aux cours les plus élevés.

Ces documents seront exposés dans une salle spéciale.

III

Récompenses.

Toutes les récompenses accordées à l'Exposition du groupe de l'enseignement seront des objets d'art.

Elles seront attribuées à l'école, à l'institution ou à l'œuvre, à titre de récompenses collectives.

SALLES III & IV

Autriche-Hongrie.

Ces deux salles contiennent les envois de plusieurs institutions d'enseignement artistique et professionnel pour jeunes filles : l'École des Arts décoratifs du Musée impérial-royal des arts et manufactures, l'École professionnelle de dentelles et l'École professionnelle de broderies.

L'École des arts décoratifs du Musée impérial-royal des arts et manufactures à Vienne (fondée en 1868), dirigée par M. le conseiller aulique J.-C. Storck, poursuit l'enseignement artistique, au point de vue de l'art décoratif, pour toutes les branches du travail industriel et manufacturier.

L'école se divise en plusieurs classes préparatoires et trois cours principaux comprenant : la peinture, la sculpture et la gravure.

L'enseignement théorique se trouve complété par la démonstration et les études pratiques des ateliers spéciaux attachés à chacune des sections dont ci-après la nomenclature :

I. — Dessin de la dentelle et de la guipure ;
II. — Céramique et émail ;
III. — Travail du métal (ciselage, repoussage, etc.);
IV. — Sculpture sur bois ;
V. — Gravure et eau-forte ;
VI. — Gravure sur bois ;
VII. — Chimie industrielle.

La géométrie descriptive et la perspective, l'architecture et l'ornementation, l'histoire de l'art, l'anatomie, la physiologie et la chimie des couleurs, font l'objet de cours spéciaux.

L'Exposition des arts de la femme ayant été limitée aux travaux de la femme, l'École des Arts décoratifs du Musée I.-R. des arts et manufactures de Vienne a dû se borner à l'exposition des travaux de celles de ses sections fréquentées par les jeunes filles.

Ces sections, qui occupent une partie de la salle IV, sont : le dessin et la peinture figurale, professeur C. KARGER ; le dessin ornemental, professeur O. BEYER ; l'émail, professeur H. MACHT ; le dessin et la peinture de la fleur, professeur STURM.

L'école professionnelle de dentelles a été créée en 1877, sous la direction artistique de M. le conseiller aulique J.-C. Storck. L'enseignement technique est confié à Mme F. Pleyer.

L'école constitue le centre intellectuel de tout ce qui, de loin ou de près, se rattache au travail de la dentelle ; c'est à cette école qu'incombe le devoir de rechercher tous les progrès pouvant être réalisés et de les faire appliquer ensuite aux nombreuses petites écoles et ateliers du travail de la dentelle disséminés, depuis fort longtemps déjà, sur tout le territoire par les élèves jeunes filles auxquelles l'État accorde des bourses, et qui, après une période d'instruction, retournent dans leurs provinces.

La subdivision de cette école comprend un premier cours

dans lequel on enseigne le dessin des modèles (cours rattaché
à l'Ecole des Arts décoratifs) et un second cours du travail
manuel à l'aiguille et aux fuseaux. Les dentelles aux fuseaux
occupent l'un des panneaux de la salle III, et les dentelles
à l'aiguille un panneau de la salle IV.

L'école professionnelle de broderie, dirigée par Mlle Thérèse
Mirani (inspecteur : M. Storck), est basée, comme enseignement,
sur les mêmes principes que ceux appliqués à l'école professionnelle de dentelles. C'est à cette Ecole qu'on doit la grande
chape brodée qui occupe le fond de la salle IV, ainsi que les
spécimens de broderie qui se trouvent à gauche et à droite
de cette œuvre considérable.

La Société pour l'instruction professionnelle des femmes à
Vienne (Ecole de broderie) fait également partie de l'Exposition
austro-hongroise.
Le but de cette Société est de poursuivre le développement
du travail de la femme sous toutes ses formes.
La section de la broderie artistique, dirigée par Mlle Marie
Bergmann, est seule représentée ; les dessins pour les ouvrages
de broderie sont faits à l'Ecole même ou à l'atelier de dessin.
Les objets exposés dans la salle III sont au nombre de 74.
Ils ont été exécutés par 20 élèves, qui ont de deux à cinq
années d'apprentissage.

SALLE V

Royaume-Uni.

Les écoles d'art appliqué à l'industrie qui relèvent du
Département de Science et d'Art, du South-Kensington, sont
représentées à l'Exposition par les travaux des élèves-femmes
de ces écoles. Ces écoles sont celles de South-Kensington, de
Bloomsbury, de West-London, de Saint-Martin, à Londres ;
celles de Bristol, de Norwich, de Blackheath, de Dublin, de

Manchester, de Cambridge, de Nottingham, de Lincoln, de Birmingham, d'Aberdeen, de Richmond, de Sheffield, de Bath, de Derby, de Glascow, de Hertford, de Scarborough, de Canterbury, de Kenmare (Irlande), de Cork et de Winchester.

Les œuvres exposées consistent notamment en dessins au trait d'après nature, en ornements peints en une seule teinte d'après le plâtre, en aquarelles, en peintures à l'huile, en études de styles historiques, en dessins pour carrelage de parquets, pour tentures imprimées, pour nappes en toile, pour dentelle au point à l'aiguille, pour objets d'art, pour mosaïques, pour des illustrations de livres, etc. On y voit encore quelques aquarelles reproduisant de vieux tapis persans, des plats Palissy, une tunique anglaise du xvi⁰ siècle et un flacon de porcelaine Médicis.

SALLE VI

Écoles d'apprentissage.

La salle VI est consacrée particulièrement aux expositions des écoles d'apprentissage organisées par des corporations industrielles. L'Assistance paternelle (patronage industriel) des fleurs et plumes de Paris, qui a fondé une véritable école d'apprentissage pour les femmes, expose la plupart des travaux exécutés par les élèves de cette école et récompensés à ses concours. A cette collection de travaux sont jointes les publications de la Société, qui fournissent tous les renseignements désirables sur son fonctionnement.

A côté de l'École d'apprentissage des fleurs et plumes, se trouve l'École d'apprentissage des industries du papier. Elle expose les travaux qui ont été exécutés par les élèves du cours de fabrication des registres et par celles du cours de cartonnage.

La salle VI comprend également une exposition du travail professionnel de la femme dans la photographie, organisée par la Chambre syndicale de la Photographie de Paris.

Elle contient enfin l'exposition des travaux de l'École professionnelle de la Société impériale d'encouragement des Arts de Saint-Pétersbourg, exposition qui se compose de 25 dessins et aquarelles, dont 16 compositions et 9 copies d'après nature, exécutés par les jeunes filles de cette institution.

SALLE VIII

Écoles de la Ville de Paris.

La Ville de Paris a fait figurer à l'Exposition des Arts de la Femme des œuvres variées provenant :

1° Des écoles professionnelles et ménagères de jeunes filles ;
2° Des cours subventionnés de dessin ;
3° Des cours complémentaires des écoles primaires de filles.

Les écoles professionnelles et ménagères de jeunes filles sont au nombre de 6, situées :

Rue de Poitou, 7 (3ᵉ arrondissement);
Rue Bossuet, 14 (10ᵉ arrondissement);
Rue de la Tombe-Issoire, 77 (14ᵉ arrondissement);
Rue Fondary, 20 (15ᵉ arrondissement);
Rue Ganneron, 26 (18ᵉ arrondissement);
Rue Bouret, 11 (19ᵉ arrondissement).

Les matières enseignées dans ces écoles comprennent la lingerie, le repassage, la couture, la confection des vêtements, la mode, la confection des corsets, la fabrication des fleurs artificielles, la broderie pour costumes et ameublements, le dessin, la peinture sur éventail et sur porcelaine.

Ces écoles reçoivent un total d'environ 1,280 élèves.

Les divers ateliers des écoles professionnelles ont exposé les objets ci-après :

Ateliers de couture : 5 costumes.
Ateliers de broderies: broderie d'ameublement, écrans, meubles, 4 fauteuils.
Broderie de confection : 5 robes brodées.
Ateliers de fleurs : corbeilles, vases de fleurs, bouquets.

LA PARISIENNE DU SIÈCLE

1816. — Les Galeries de bois, au Palais-Royal

par Polipot.

Ateliers de modes : chapeaux confectionnés.

Ateliers de corsets : corsets.

Ateliers de gileterie : plusieurs gilets.

Ateliers de confections de vêtements : plusieurs vêtements de garçons.

Ateliers de lingerie : divers objets de lingerie confectionnés.

La Ville de Paris n'a pas de cours municipaux spéciaux de dessin pour les jeunes filles.

Elle alloue des subventions à des cours libres, moyennant lesquelles ces cours reçoivent un certain nombre d'élèves à titre gratuit.

Ces cours sont au nombre de douze.

Ont pris part à l'Exposition des Arts de la femme :

Les cours du 1er arrondt, dirigé par Mme Pelletier-Dupont.

	6e	—	—	Mme Thoret.
—	7e	—	—	Mme Keller.
—	8e	—	—	Mme de Chatillon.
—	9e	—	—	Mme Mac Nab.
—	10e	—	—	Mme de Billemont.
—	14e	—	—	Mlle Solon.
—	17e	—	—	Mme Latruffe.
—	18e	—	—	Mme Imbert.
—	19e	—	—	Mme Gautrand.

L'enseignement de ces cours comprend le dessin proprement dit et les applications pratiques aux industries de la femme.

Les objets exposés par les cours subventionnés de dessin forment :

1º Plusieurs grands panneaux de compositions décoratives, comprenant des dessins, des aquarelles, des gouaches;

2º Deux vitrines contenant des objets de céramique, des émaux, des métaux ciselés, des éventails, des écrans, etc.

Les cours complémentaires de jeunes filles sont, à Paris, au nombre de 29.

Outre un complément d'instruction primaire, les jeunes filles y reçoivent un enseignement pratique, comprenant les travaux généraux du ménage, la couture, la coupe et la confection des vêtements, l'économie domestique, l'hygiène, la cuisine, le nettoyage et le blanchissage.

L'enseignement du dessin est plus développé dans ces cours que dans les autres cours des écoles primaires.

Les objets exposés par ces cours forment un panneau de compositions décoratives.

SALLE X

Écoles professionnelles.

Les envois d'un grand nombre d'institutions professionnelles de jeunes filles ont été groupés dans la salle X. Ce sont ceux de l'École professionnelle ménagère de Rouen, qui consistent en poupées aux costumes historiques, en tapisseries, en broderies, en dessins et en peintures. Vient ensuite l'Œuvre générale des écoles professionnelles catholiques (rue Cassette, 18, à Paris), qui expose des ornements d'Église, des peintures sur porcelaine, sur bois et sur étoffes, des costumes, etc.

L'Union professionnelle des arts féminins, fondée par les élèves des cours dirigés par Mme Menon (Levallois-Perret), a réuni divers travaux céramiques, tels que fleurs artificielles, peintures, etc. Là encore sont les œuvres des élèves de l'Ouvroir Sainte-Marie, à Brunoy; de la Société philomatique de Bordeaux, de la Société industrielle de Saint-Quentin et de l'Aisne, de l'École de dentelles de Lyon, dirigée par Mme Guillemin-Leroudier, et, enfin, du cours libre de Mme Thoret, rue Madame, 3, à Paris.

SALLE XII

Écoles nationales d'Art décoratif.

Les trois Écoles d'art décoratif de Paris, de Limoges et d'Aubusson, groupées sous la même direction, ont réuni leurs expositions dans la salle XII.

Elles constituent chacune une section d'établissements importants recevant dans des sections différentes des jeunes filles et des jeunes gens, et sont soumises toutes trois à la même même méthode d'enseignement.

Celle-ci comprend à la base une étude complète du dessin, des cours de géométrie, de perspective, d'anatomie et d'histoire des industries et de l'art, puis des ateliers et des cours de composition décorative.

L'Ecole de Paris, soumise récemment à ce nouveau régime, a permis néanmoins de présenter l'ensemble complet des exercices de composition, comprise dans les trois cadres qui occupent le milieu du panneau au fond de la salle ; l'exposition de cette école, présente dans le cadre de gauche, les études copies et interprétations en vue d'une fonction décorative, faites d'après la plante aussi bien d'ailleurs que d'après les autres productions de la nature susceptibles de fournir les éléments d'une forme et d'une décoration.

Le cadre de gauche est affecté au cours de composition d'ornements dans lequel les connaissances précédemment acquises sont utilisées par les élèves, pour la décoration des surfaces, étoffes, tapis, céramique, etc., d'après des programmes donnés chaque semaine.

Enfin dans le cours d'architecture appliquée qui est représenté dans le cadre du milieu, la connaissance des propriétés des différentes matières susceptibles d'être employées, de leurs conditions de mise en œuvre, est donnée aux élèves de manière à les mettre à même de composer des objets, forme et décoration, d'après des programmes donnés chaque semaine.

Ces trois cours sont donc intimement liés et se complètent, l'un par l'autre.

L'Ecole de Limoges présente des exercices de composition réunis dans les quatre châssis disposés à droite et à gauche de ceux de l'Ecole de Paris.

Dans cette Ecole, un atelier d'applications à la décoration céramique correspond aux besoins de l'industrie locale. Les productions des élèves de l'Ecole sont représentés par des plats, assiettes, potiches, etc., à grand feu ou à feu de moufle, dressés sur la paroi verticale où dans la vitrine qui occupe le milieu de la salle.

L'Ecole d'Aubusson, comme celle de Limoges, comporte le même enseignement que l'Ecole de Paris. Dans cet établissement aussi existe un atelier d'application réservé à l'exécution en tapisserie de Malines, en Savonnerie et par la broderie des compositions faites dans l'École par les élèves.

Ces compositions exécutées sont renfermées dans la vitrine occupant le milieu de la salle.

Dans cette même salle se trouvent les expositions des Écoles nationales des Arts décoratifs de Marseille, d'Amiens, de Nice et de Valencienne, de l'École municipale de dessin de jeunes filles du quai Saint-Antoine, à Lyon et du Musée pédagogique de Paris.

Enfin, les Maisons d'éducation de la Légion d'honneur, autorisées par le Grand Chancelier, ont envoyé divers travaux qui occupent une grande vitrine à l'entrée de la salle XII. Ces travaux sont surtout ceux qui ont été exécutés à la Maison des Loges pendant l'année 1891-1892. La broderie, la lingerie et les confections y sont largement représentées. On y remarque des dessus de lit au passé, des écrans, des paravents, des brassières, des mouchoirs, des cols ornés de fines dentelles, une robe à traîne, divers vêtements d'enfants, ainsi que d'intéressants spécimens de gravure de musique ornés de dessins lithographiés. Aux deux côtés de la vitrine figurent des aquarelles et des peintures sur porcelaine qui proviennent de la Maison de Saint-Denis.

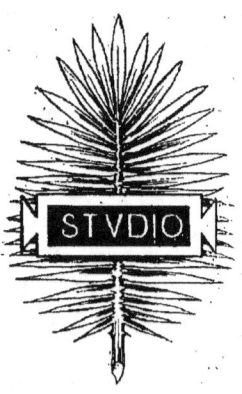

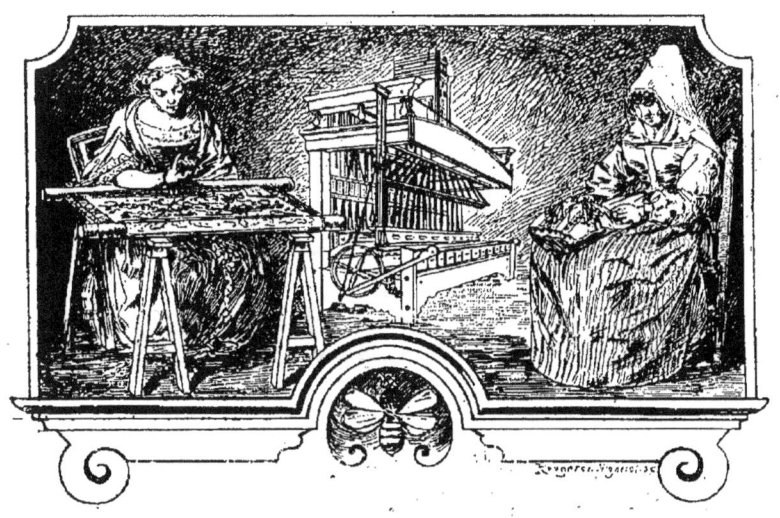

Groupe III

INDUSTRIES ARTISTIQUES

GRANDE NEF

COTÉ DROIT

SALONS D'ENTRE-COLONNES

1 MM. **Mercier** frères, 100, faubourg Saint-Antoine.
Meubles d'art.

2 M. **Schmoll**, 80, rue de Turenne.
Bronzes d'art.

3 MM. **Hamot** (G. et R.), 75, rue de Richelieu.
Tapisseries d'Aubusson.

4 M. **Warée,** 19, rue de Cléry.
Dentelles.

5 Maison **Roll,** 42, rue du Faubourg-Saint-Antoine.
Meubles d'art.

6 M. **Gravelin** (G.), 8, rue Charlot.
Bronzes d'art.

7 MM. **Baur, Gass et Schember,** 75, rue du Faubourg-
Saint-Antoine.
Meubles d'art en vernis Martin.

8 M. **Forest,** 33, rue de Provence.
Lambris, Meubles, Broderie.

9 M. **Gagneau,** 115, rue Lafayette.
Bronzes d'éclairage.

10 M. **Orlhac** (Alfred), 91, rue Saint-Lazare.
Tapisserie, Meubles.

11 M. **Bertrand** (Edouard), 68, rue Saint-Sabin.
Meubles d'art avec bronzes, genre ancien, XVII *et* XVIII° *siècles*

12 MM. **Fleck** frères (*Au Tapis Rouge*), 67, faubourg Saint-
Martin.
Tapisseries, Meubles.

13 MM. **Braquenié et C**ie, 16, rue Vivienne.
Tapisseries d'Aubusson.

14 Mme **Duffeuty** (*A l'Empire de Perse*),40,rue deMaubeuge.
Costumes, Objets d'art, Curiosités.

15 M. **Balny** (Camille), 40, faubourg Saint-Antoine.
Chambre à coucher.

16 M. **Malard** (Louis), 9 *bis,* rue de Maubeuge.
Meubles, Tentures et Siéges.

17 M. **Vian** (Henri), 5, rue de Thorigny.
Bronzes et Ferronnerie.

18 M. **Cossn** (F.), 39, boulevard Voltaire.
Faïence d'art, vraie faïence de Delft.

19 M. **Pinédo** (Emile), 40, boulevard du Temple.
Bronzes d'art.

20 M. **Raison Renouvin,** 7 et 9, rue Bonaparte.
Meubles d'art.

21 M. **Gervais** (Fernand), 12, rue des Filles-du-Calvaire.
Bronzes d'art.

22 M. **Drouard,** 16, rue de Lyon.
Meubles de dames, Chambre à coucher.

23 M. **Vildieu** (successeur de Parvillers), 80, rue Turenne.
Bronzes d'éclairage.

24 MM. **G^{el} Viardot et Cie**, 36, rue Amelot.
Meubles genre japonais.

PAVILLONS ET SALONS INTÉRIEURS

COTÉ DROIT

25 MM. **Blazy** frères, 15, rue Turbigo.
Tapisseries, Broderies.

26 M. **Gay** (Georges), 62, rue Tiquetonne.
Tables-Soleil.

27 M. **Albert** (Alexandre), 6, rue Favart.
Journaux de modes.

28 MM. **Aubin et Leroux,** 5, rue Charlot.
Bronzes d'art.

29 Mme **Leroudier,** 19, place Tholozan, à Lyon.
Dentelles et Broderies.

30 MM. **H. Vigneron et Cie**, 70, boulevard Sébastopol.
Machines à coudre, à broder, à plisser, Travaux d'art.

31 MM. **Faguer** (Hyacinthe) et fils, 30, rue de Charenton.
Meubles vernis Martin.

32 MM. **Brunot et Bracony**, 6, rue Toricelli prolongée.
Bustes, Statuettes.

33 M. **Delagrave**, 15, rue Soufflot.
Journaux de modes.

34 MM. **Argand et Cie** (Grands Magasins de la place Clichy),
place Clichy, et 32, rue Saint-Pétersbourg.
Ameublements et Décoration.

35 **Moniteur de la Mode** (A. Goubaud, directeur), 3, rue
du Quatre-Septembre.
Journaux de modes.

36 **OEuvre philanthropique franco-américaine**, 273, rue
Saint-Honoré.
Broderies, etc., etc.

37 **Gouvernement de Bosnie et Herzégovine**, M. **Zou-
rounitch**, délégué officiel.
Broderies artistiques.

38 M. **Birey** (C.-A.), 19, rue de la Sourdière.
Tapisseries, Broderies et Soieries.

39 MM. **Kees** (Ernest) et **Marie** (Alfred), 46, rue Poissonnière, et 28, rue du Quatre-Septembre.
Éventails.

40 M. **Girard** (Paul), 1, boulevard de Strasbourg.
Poupées et Bébés.

41 MM. **Ibrahim et Babou**, 18, avenue de l'Opéra.
Ameublements et Objets d'art orientaux.

42 M. **Rumpf** (M.-H.), 26, rue de l'Échiquier.
Métiers à broder en action.

43 MM. **Jacob** (E.) et **Cie**, 14, quai de la Rapée.
Grès artistiques et décoratifs.

44 Mme **Ponot**, 41, rue de Bourgogne.
Tapisseries anciennes.

45 M. **Thiery** (Fernand), 48, rue Vivienne.
Journal des Demoiselles.

46 M. **Bâcle** (Désiré), 46, rue du Bac.
Machines à coudre, à plisser et à broder.

47 MM. **Oppenheimer** frères, 21, rue de Cléry.
Ameublements.

48 MM. **Poulalion et Accursi,** Maison musicale, 35 à 39,
    rue des Petits-Champs.
Éditions de musique.

49 MM. **Cellier et Simonet,** 60, rue des Archives.
Bronzes d'éclairage.

50 M. **Dreyfus** (Georges), 32, rue de Paradis.
Miroirs de fantaisie.

51 M. **Alliot**, 70, rue d'Angoulême.
Bronzes imitation.

52 M. **Massier** (Clément), golfe Juan (Alpes-Maritimes).
Faïences d'art à reflets métalliques.

ALLÉES LATÉRALES

COTÉ DROIT

53 MM. **Brocard** et fils, 23, rue Bertrand.
Émaux d'art.

54 Mme **Duforest**, 66, boulevard de Strasbourg.
Corsets de luxe.

55 MM. **Rousseau** frères, 6, rue Paul-Lelong.
Bijoux acier avec toutes fantaisies,

56 M. **Gay** (Georges), 62, rue Tiquetonne.
Porte-miroir mobile.

57 Mme **Reece**, 9, rue de la Cossonnerie.
Dentelles, Broderies.

58 Mme **Gallet** (Louise), 9, rue Bochard-de-Saron.
Sculpture, Porcelaine, etc.

59 MM. **Harris and son**, Cockermouth (Angleterre), et
170, rue Saint-Denis (Paris).
Filets et Retords lin écrus et teints.

60 MM. **Sordoilet et Marteau**, 9, rue Meslay, 3, rue Belleyme.
Bijouterie.

61 M. **Villard frères**, 113, rue de Turenne.
Emaux,

62 M. **Berthelemy**, 70, faubourg Saint-Martin.
Abat-jour articulés.

63 M. **Hugentobler** (Alfred), 40, route de Sannois, Argenteuil (Seine-et-Oise).
Broderies au métier.

64 M. **Delvaux** (Georges), à Montigny-sur-Loing (Seine-et-
Marne).
Céramique d'art.

65 M. **Féret**, 16, rue Étienne-Marcel.
Pupitres à élévation facultative pour écolières.

66 M. **Chaplet** (Ernest), Choisy-le-Roi (Seine).
Poterie d'art.

67 M. **Léveillé** (E.), 74, boulevard Haussmann.
Verreries artistiques.

68 **Collectivité des fabricants de bonneterie**, 32, rue
Étienne-Marcel.
Produits de la bonneterie.

69 M. **Labriola** (Mariano), 41, Calabritto, Naples (Italie), et
à Paris, rue de Castellane, 5.
Bijouterie.

70 M. **Delaherche** (Auguste), 1, rue Halévy.
Céramique d'art.

71 MM. **Saumathé et C**ie, 6, boulevard Bonne-Nouvelle.
Meubles en tapisserie.

72 M. **Goosse**, 80, rue Amelot.
Petit bronze.

73 MM. **Halboister** frères, 5, rue des Haudriettes.
Cadres fantaisie, Maroquinerie.

74-76 M. **Alc Le Conte**, 15, rue Lafayette.
Articles de modes.

75 Mlle **Parmantier** (Augustine), 13, rue Montholon.
Corsets.

77 M. **Langlois**, 7, rue de Louvois.
Passementerie pour dames.

78 M. **Bozzi** (Carmine), 51, chaussée d'Antin.
Orfèvrerie et Bijouterie.

79 M. **Laurent**, 152, rue du Temple.
Corsets de luxe.

80 M. **Poinsignon**, 111, rue de Turenne.
Graveur en camées.

81 M. **Perron**, 6, rue Combes.
Chaussures de dames.

83 M. **Maupomé**, 137, boulevard Sébastopol.
Horlogerie, Bijouterie.

ALLÉE CENTRALE

84 M. **Pull** (Jules-Louis), 122, rue Blomet.
Céramiste.

85 Mme **Richard** (Hortense), 6, rue Bara.
Miniatures sur ivoire.

86 **Chambre syndicale de la fabrique lyonnaise,** 7, rue
de la République, Lyon.
Soieries.

MM.

BRUNET-LECOMTE, MOISE et Cie, place Tholozan.
PIOTET et ROQUE, 4, Grande-Rue-des-Fermiers.
PONCET père et fils, 26, place Tholozan.
TRESCA frères, 8, rue du Griffon.
LAMY et GIRAUD, quai de Retz, à Lyon, et à Paris, 112, rue
Richelieu.
CHATEL et TASSINARI, 11, place Croix-Paquet.
THOMASSET et GÉRIN, 8, Grande-Rue-des-Feuillants.
BRESSON, 1, rue de la République.
BIANCHINI et Cie, 3, place Croix-Paquet.
DEVAUX, BACHELARD et Cie, quai Saint-Clair.
ROSSET, 9, rue du Griffon.
BÉRAUD et Cie, 18, place Tholozan.
BARDON, RITTON et MAYEN, 4, Grande-Rue-des-Feuillants.
L. et E. EMERY, 10, rue du Bât-d'Argent.
MATHEVON et BOUVARD, 26, place Tholozan.

M. **Ahrweiler** (A.), 55, rue des Petites-Écuries.
Éventails et Ombrelles.

88 M. **Vollant** (A.), 1, rue Pernelle.
Guêtres de femmes et enfants.

89 Mme **Blanchard**, 5, rue Gay-Lussac.
Corsets.

89 *bis* Mlle **Duteil** (*Au Bébé russe*), boulevard Voltaire, 91.
Robes d'enfants.

90 **Chambre de commerce de Saint-Quentin et de la
région.**
Broderies, Lingeries, etc.

MM.

L. PETIT.
Hector BASQUIN (Vᵛᵉ).
J. DERCHE fils.
Paul TROEMÉ.
H. DENGLEHEM.

MM.

LESSER et GARNIER.
DELSAL et LEJEUNE.
DECANDIN et BÉGUIN.
COSTE-FOLCHER.

93 Chambre syndicale des fabricants de tulles et dentelles de Calais.

Dentelles, Tulles, Valenciennes.

MM.

ARNETT (G.).
BASSET.
BEUTIN frères.
CADART (A.).
CORDIER (A.) et Cⁱᵉ.
CORDIER (Vᵛᵉ Antoine) et fils.
DARQUER BACQUET.
DAVENIÈRE et Cⁱᵉ.
DESPRÈS frères.
DOLLAIN frères.
FOURNIER (G.) et Cⁱᵉ.
FRANCÉS frères.
GAILLARD père et fils.
HÉNON (H.).
HOUETTE et BUTLER.
HERBELOT (H.).

MM.

IMBERT (L.).
LEBAS père.
LEBAS (F.).
LEMAIRE (Auguste).
LEMAÎTRE (H.).
LENIQUE et PIQUET.
LETAILLEUR.
MULLIÉ frères.
NOYON frères.
PINET frères.
PORET frères.
REMBERT (H.).
ROBERT WEST.
ROCHE, BOIN et Cⁱᵉ.
TOPHAM aîné.

92 M. Léon, 21, rue Daunou.

Chapeaux pour dames.

94 Collectivité des fabricants de boutons.

Boutons, Boucles de ceinture et Agrafes pour robes.

MM.

PARENT et Cⁱᵉ.
BAGRIOT.
COURCEL frères.
LEPRINCE (D.).
TELLIER (E.).

MM.

TREVERS.
HUET et LIGIER.
BLOTTE frères.
MARIE (E.).
RIDOUX.

95 MM. **Alamagny, Oriel et C**^{ie}, à Saint-Chamond (Loire).
Tresses, Lacets, etc.

96 VITRINE DES RUBANS DE SAINT-ÉTIENNE

   M. **Gauthier** (A.), 10, rue Mi-Carême, à Saint-Étienne
     (Loire).
Rubans.

   MM. **Marcoux et Chateauneuf**, 13, rue de la Répu-
     blique, à Saint-Étienne (Loire).
Rubans.

   M. **Décot**, 13, place Marengo, à Saint-Étienne (Loire).
Rubans.

   M. **Rebour** (Charles), 5, place Marengo, à Saint-Étienne
     (Loire).
Rubans.

   MM. **Journoud, Peyret et C**^{ie}, 3, rue de Roanne, à
     Saint-Étienne (Loire).
Rubans.

91 M. **Legavre** (T.), 60, boulevard Sébastopol.
Peignes et Tabletterie.

97 M. **Cormier** (C.), 10, boulevard Bonne-Nouvelle.
Tabletterie émaillée.

98 M. **Patay** (Maison Camille Marchais), 17, rue de la Paix.
Fleurs et Plumes.

99 VITRINE DE DENTELLES VRAIES

   M. **Lefébure**, 15, boulevard Poissonnière.
Dentelles véritables.

   MM. **Robert** frères, à Courseules (Calvados).
Dentelles à la main.

M. **Martin** (Georges), 80, rue de Richelieu.
Dentelles véritables.

M. **Ancelot**, 12, rue du Hanovre.
Dentelles véritables.

COTÉ GAUCHE (Concorde)

SALONS D'ENTRE-COLONNES

---

100 M. **Robcis** (G.), 75, faubourg Saint-Antoine.
Miroirs et glaces.

101 M. **Gaveau**, 47, rue Servan.
Pianos.

102 M. **Colin** (Émile), 20, rue de Sévigné.
Bronzes d'art.

103 M. **Soyer** (Paul), 4 *bis*, rue Saint-Sauveur.
Émaux d'art.

104 MM. **Damon et Colin** (Maison Krieger), 74, faubourg
Saint-Antoine.
Meubles et Tapisseries.

105 MM. **Godeau et Lapointe**, 100, rue Amelot.
Bronzes d'art.

106 M. **Majorelle**, 3, rue Giraudet, à Nancy (Meurthe-et-
Moselle), Dépôt à Paris, 56, rue de Paradis.
Meuble de fantaisie.

107 M. **Soleau** (E.), 38, rue de Turenne.
Bronzes et objets décoratifs.

108 M. **Martin** (Louis), 22, rue des Taillandiers.
Meubles en vernis martin.

109 M. **Boison,** 77, avenue Ledru-Rollin.
Chambres à coucher de dame et jeune fille.

110 M. **Cruyen** (Mathieu-Joseph), 16, rue de Charonne.
Meubles de style.

111 M. **Lebrun-Tardieu** (G.), 20, rue des Gravilliers.
Bronzes d'éclairage.

112 MM. **Susse** frères, 31, place de la Bourse.
Bronzes d'art.
113 M. **Maes** aîné, 17, rue Saint-Gilles.
Appareils d'éclairage, fantaisie riche.

114 M. **Bellot,** 97, faubourg Saint-Antoine.
Sièges en cuir de Cordoue.

115 M. **Faessel,** 94, faubourg Saint-Antoine.
Meubles de dames.

116 M. **Boverie** (Eugène), faubourg Saint-Antoine.
Meubles de fantaisie, Tentures.

117 MM. **Coupier et Drouart,** 100, rue Amelot.
Bronzes, Garnitures d'ameublement.

118 MM. **Dhionnet** (A.) et **Cie,** 87, boulevard Beaumarchais.
Articles riches en cuirs ciselés, imitations de tapisseries.

119 M. **Dienst,** 86, faubourg Saint-Antoine.
Meubles de dames.

120 MM. **Houdebine** (H.) père et fils, 64, rue de Turenne.
Bronzes d'art et d'ameublement.

121 M. **Sormani** (Paul), 10, rue Charlot.
Meubles, Bronzes, Orfèvrerie de voyage et de toilette.

122 MM. **Flachat, Cochet et Cie,** 79, avenue Ledru-Rollin.
Ameublements, Sièges, Tentures.

123 MM. **Haviland et Cie,** 60, faubourg Poissonnière.
Porcelaines décorées.

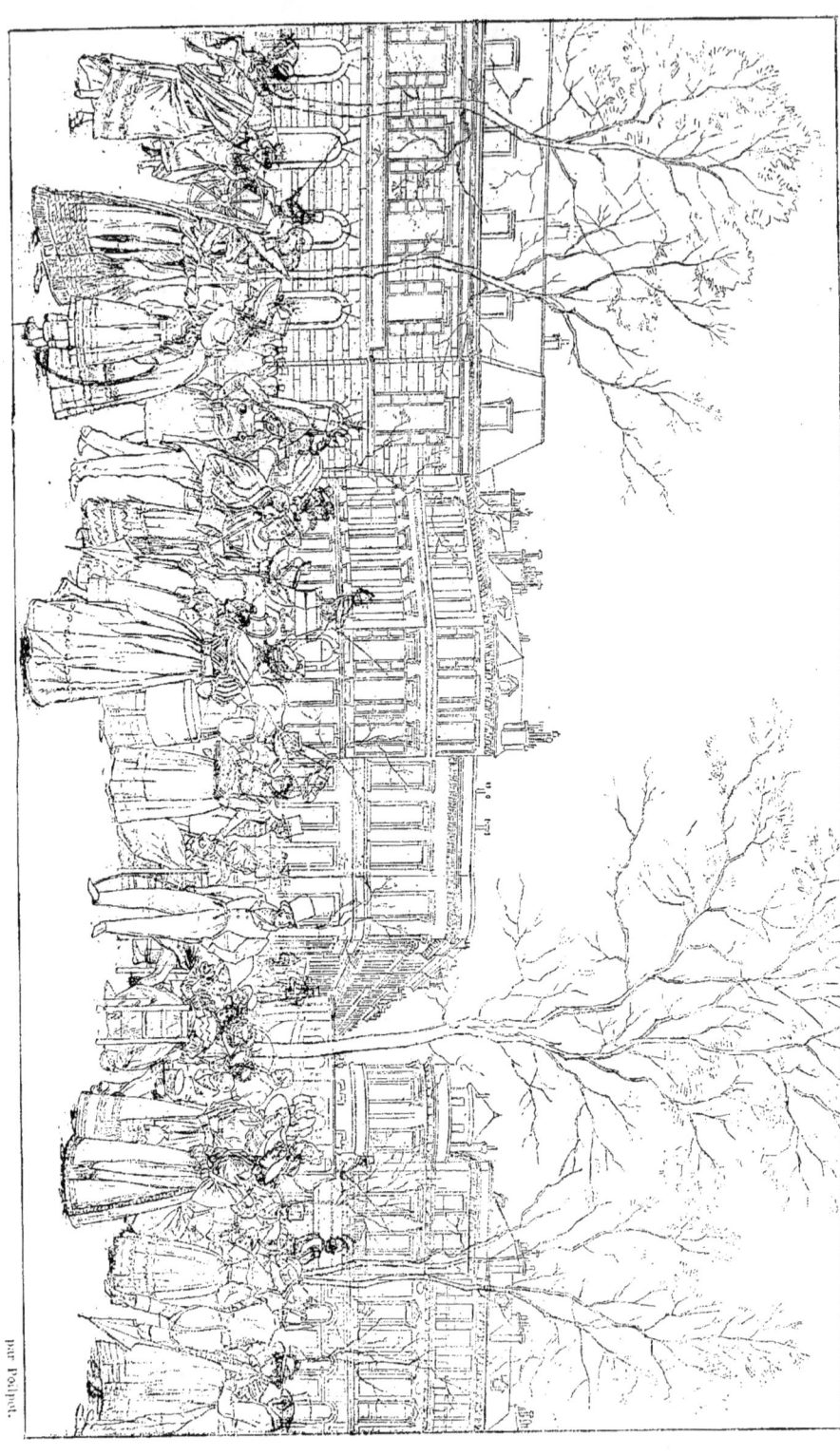

LA PARISIENNE DU SIÈCLE

1826. — Les Élégantes au boulevard de Gand

par Polpot.

124 MM. **Jansen et C**ie, 9, rue Royale.
Meubles et Tapisseries.

PAVILLONS ET SALONS INTÉRIEURS

(COTÉ DE LA CONCORDE)

---

125 MM. **Christofle et C**ie, 56, rue de Bondy.
Orfèvrerie, Argenterie.

126 M. **Étienne** (Jules), 29, rue de Paradis.
Porcelaines décorées.

127 M. **Chapon** (Alfred), 26, boulevard Beaumarchais.
Meubles de luxe pour dames.

128 MM. **Keller** frères, 22, rue Joubert.
Orfèvrerie et Nécessaires.

129 M. **Planchon,** 67, Palais-Royal.
Bijouterie, Horlogerie.

130 MM. **Bouhon et C**ie, 12, rue Debelleyme.
Bronzes d'art et Ferronnerie d'art.

131 M. **Warmont** (A.), 22-24, galerie d'Orléans (Palais-
Royal).
Impressions de fantaisie, Chromolithographies.

132 MM. **Hachette et C**ie, 79, boulevard Saint-Germain.
Journal de la mode pratique.

133 M. **Poussielgue-Rusand** fils, 5, rue Cassette.
Orfèvrerie religieuse.

134 M. **Veeck** (G.) (Maison Laurent), 54-55, galerie Montpensier (Palais-Royal).
Bijouterie, Orfèvrerie.

135 M. **Virlet** (Léon), 12, rue Oberkampf.
Orfèvrerie d'art.

136 M. **Passerat,** 13, passage Raoul.
Pendules de style.

137 M. **Boin** (Georges), 3, rue Pasquier.
Orfèvrerie, Bijouterie.

138 Mᵐᵉ **Guerchet** (Vᵛᵉ), 62, quai des Orfèvres.
Orfèvrerie argent.

139 M. **Bachelet** (G.), 13, place du Pont-Neuf.
Orfèvrerie.

140 M. **Gorges** (A.), 11, rue Pastourelle.
Bronze fantaisie, Genre de toilette, Boîtes à gants, Coffrets, etc.

141 M. **Harleux** (C.), 32 et 34, rue Pastourelle.
Orfèvrerie.

142 M. **Detouche** (C.), 228 et 230, rue Saint-Martin.
Horlogerie, Bijouterie.

143 M. **Gueyton** (Camille), 8, place de la Madeleine.
Orfèvrerie, Bijouterie.

144 M. **Aucoc** (André), 6, rue de la Paix.
Orfèvrerie, Joaillerie.

145 MM. **Firmin-Didot et Cⁱᵉ**, 56, rue Jacob.
Ouvrages et Publications sur la mode, la Mode illustrée.

146 M. **Porte-Secrétain,** 4, rue Thorel.
Menuiserie d'art.

147 M. **Gourdet** (L..), 31, faubourg Saint-Antoine.
Ébénisterie pour bureaux.

148 MM. **Eliaers** (Léon) **et Cⁱᵉ**, 174, boulevard Voltaire.
Meubles canapés-lits.

149 M. **Terquem** (Em.), 19, rue Scribe.
Bibliothèques tournantes.

150 M. **Noblet,** 24, passage Verdeau.
Terres cuites d'art.

151 M. **Personne** (Ed.), 8, rue Royale.
Toilettes Victoria, Bureau pour chambre de jeune fille.

ALLÉES LATÉRALES

---

152 M. **Devambez** (Édouard), 63, passage des Panoramas.
Gravure et Impressions.

153 M. **Grinaud**, 51, rue de Turenne.
Petits bronzes d'art et de fantaisie.

154 MM. **Dupont** (A.) et **Cie**, 44, rue de Turbigo.
Brosserie fine.

155 M. **Ruault** (Louis), 78, rue Montmartre.
Montres, Pendules.

156 M. **Maurey-Deschamps**, 65, rue de Turbigo.
Brosserie fine.

157 M. **Moreau**, 26, rue des Gravilliers.
Miroirs.

158 M. **Gauchot**, 223, rue Saint-Martin.
Garnitures de toilettes en ivoire.

159 M. **Morillon** (Gustave), 47, avenue Bosquet.
Optique.

160 MM. **Susse** frères, 31, place de la Bourse.
Papeterie de luxe.

161 M. **Garino** (J.), 8, rue Caulaincourt.
Chambre à coucher.

162 M. **Steichen** (A.), 56, faubourg Saint-Antoine.
Meubles à bijoux pour dames.

163 M. **Landrin** (Pierre), 221, rue Saint-Denis.
Articles de bureau.

164 MM. **Grèbe et Cie**, 18, chaussée d'Antin.
Papeterie fine, Maroquinerie.

165 M. **Chapus,** 86, rue de Rivoli.
Horlogerie, Bijouterie.

166 M. **Jeaudonnenc** (Léon), passage du Havre, 39 à 43.
Ouvrages d'art et Bijoux en cheveux.

167 M. **Hoffmann** (Joseph), 14, passage des Panoramas.
Porte-montre et Cadres en ambre.

168 M. **Lévy** (Hector), 139, boulevard Sébastopol.
Horlogerie, Montres de dames.

169 M. **Guillot** (Hyacinthe), 180, rue de Charonne.
Bureau de dame, à cylindre, Renaissance, moderne.

170 M. **Ollivon**, 10, rue Rambuteau.
Plumeaux.

171 **Revue universelle des inventions nouvelles**, 4, chaussée d'Antin.
Travaux de dames.

172 M. **Poulhès**, 99, faubourg du Temple.
Faïence décorée.

173 M. **Maes**, 17, rue Saint-Gilles.
Bronze d'éclairage.

174 M. **Claustrat**, rue Pierre-Dillery.
Meubles mécaniques,

175 Mlles **Duthu**, 145, avenue de Neuilly.
Terres cuites d'art.

176 **Manufacture française d'armes** de Saint-Étienne, Saint-Étienne (Loire).
Armes de luxe pour dames.

177 M. **Schneider** (E.) fils, 2, rue de la Roquette.
Tables de jeux pour dames.

178 M. **Ladreyt** (Eugène), 292, boulevard Voltaire.
Statuettes terres cuites polychromes.

179 M. **Charpentier**, 28, rue de l'Argenterie, Perpignan
(Pyrénées-Orientales).
Bijouterie.

180 Vitrine collective de la coutellerie, orfèvrerie.

M. **Lepage** (Jules), 19, rue Michel-le-Comte.
Coutellerie.

M. **Marmuse** (Gustave), 26, rue du Bac.
Coutellerie, Orfèvrerie.

M. **Languedocq** (Jules), 20, rue du Quatre-Septembre.
Coutellerie, Orfèvrerie.

Mᵐᵉ **Guerre** (Vᵛᵉ), manufacture à Langres (Haute-Marne).
Dépôt à Paris, rue Lafayette.
Orfèvrerie, Coutellerie.

181 M. **Thomas** (Gaston), 27, rue Pastourelle.
Bijouterie.

182 M. **Grimonprez**, 72, rue de Seine (Sèvres).
Horlogerie.

183 M. **Philippe** (Jules), 29, rue des Bons-Enfants.
Coffrets en ébénisterie pour bijoux.

184 MM. **Tallois et Mayence**, 19, boulevard de Strasbourg.
Orfèvrerie d'argent.

185 M. **Robert** (Emile), 34, rue Miromesnil.
Bijouterie de fer.

ALLÉES CENTRALES

CÔTÉ GAUCHE

---

186 M. **Brateau** (Jules-Paul), 8, rue Lallier.
Orfèvrerie d'étain.

187 MM. **Rouvenat et Desprès** (F.), 62, rue d'Hauteville.
Joaillerie.

188 M. **Thesmar** (Fernand), 63, avenue du Roule (Neuilly-sur-Seine).
Émaux transparents cloisonnés d'or.

189 MM. **Boullot et Fontaine**, 1, rue du Helder.
Orfèvrerie émaillée.

190 M. **Paisseau-Feil**, 24, rue Turbigo.
Pierres et Perles fines.

191 M. **Durand-Leriche**, 4, rue Montesquieu.
Joaillerie.

192 M. **Boucheron** (F.), 152, Palais-Royal.
Joaillerie, Bijouterie, Orfèvrerie, Objets d'art.

193 M. **Lefebvre** fils aîné, 106, rue de Rivoli.
Joaillerie, Bijouterie, Orfèvrerie.

194 M. **Bourdier** (Th.), rue de la Michodière.
Joaillerie, Bijouterie.

195 M. **Debain** (A.), 79, rue du Temple.
Orfèvrerie.

196 M. **Benoist** (Ernest), 14, rue des Petits-Carreaux.
Bijouterie, Joaillerie.

197 M. **Champion** (E.), 23, rue des Bons-Enfants.
Bijouterie décorée.

198 MM. **Marret** frères, 16, rue Vivienne.
Bijoux.

199 Mme **Favier** (Eugénie), 38, boulevard Haussmann.
Bijoux d'art.

200 MM. **Gaillard** (E.) et fils, 101, rue du Temple.
Orfèvrerie, Bijouterie.

201 M. **Templier** (Paul) fils, 46, rue Étienne-Marcel.
Bijouterie.

202 M. **Soufflot,** 10, rue du Quatre-Septembre.
Joaillerie.

203 MM. **Coulon** (L.) et **C**ie, 16, rue de la Paix.
Joaillerie, Bijouterie.

204 M. **Fornet** (A.), à Bourg (Ain).
Bijouterie.

M. **Charles-Jean,** 17, rue Réaumur.
Émaux peints.

205 M. **Jean** (Georges), 5, rue Eugène-Delacroix.
Émaux limousins.

206 M. **Vever,** 19, rue de la Paix.
Joaillerie, Bijouterie.

207 **David** (Alexis), 5, rue de Castiglione.
Gravure fine, cachets en bijouterie, etc.

208 M. **Davignon,** 18 *bis,* rue Tiquetonne.
Bijouterie argent.

209 M. **Chassard,** 72, rue de Turenne.
Bronzes et Émaux d'art.

210 M. **Leroy** (L.) et **C**ie, 13, 15, galerie Montpensier (Palais-
Royal).
Montres et Pendules artistiques.

211 M. **Teterger**, 31, rue Saint-Augustin.
Joaillefie, Bijouterie.

212 MM. **Laforge et Cⁱᵉ**, 100, rue Vieille-du-Temple.
Orfèvrerie.

GALERIE

DES INDUSTRIES DIVERSES

COTÉ GAUCHE DE L'ORCHESTRE

SALONS

213 MM. **Guérin** frères, 36, rue Washington.
Tapisseries.

214 M. **Barbe**, 88, rue de la Roquette
Chaise-fauteuil et buffet.

215 **Syndicat national des ouvriers d'art**, 15, rue Guéné-
gaud.
Dessins, Sculptures, Gravures, Peintures, Bijouterie, etc.

217 **Société d'encouragement aux travailleurs de France.**

Industries décoratives.

218 M. **Mosso** (Charles), 3, rue Richer.
Bijouterie, Miniatures artistiques.

219 M. **Manceau** (Adrien), 4, rue Franklin.
Compositeur de musique.

220 M. **Barbara**, 36, rue Keller.
Lampe.

221 M. **Ravenet** aîné, 28, quai de Passy.
Peignes, Brosseries de luxe.

222 M. **Dubois** (Adrien), 33, boulevard Saint-Martin.
Porte-robes et manteaux.

223 M. **Camus**, 14, rue Sedaine.
Poëles et Cheminées Cadé,

224 M. **Laligant,** 12, boulevard des Batignolles.
Machines à coudre.

225 M. **Quinet**, 51, rue Galande.
Statues imitation, Livres reliés.

226 M. **Leprovost** (Pierre), 85, rue Haxo.
Imitation marbre, Gaines et Vases, Colonnes.

227 M. **Thouilly**, 25, rue Carnot, à Levallois-Perret (Seine).
Foyers réfractaires.

228 M. **Chapuis**, 10, rue Lourmel.
Ustensiles pour le décor des plats.

229 M. **Guyon** (M), 11, passage Corbeau.
Articles en métal blanc.

230 M. **Guillet**, 6, rue Saint-Lazare.
Meubles.

231 M. **Raze**, 51, rue Turenne.
Bourses soie au crochet.

232 M. **Carré**, 29, rue Rambuteau.
Bijouterie imitation.

233 M. **Musseault**, 133, rue Saint-Denis.
Vitraux.

234 Mᵐᵉ **Le Bellier**, 115, boulevard Sébastopol.
Fleurs artificielles.

235 M. **Hebert** (V.), 46, boulevard de la Contrescarpe.
Appareils, bronzes.

236 Mlle **Girot**, 3, rue Christine.
Objets de fantaisie.

237 M. **Rossi** (Félicité), 10, rue de la Chaussée-d'Antin.
Bijouterie, fantaisie.

237 *bis* M. **Delagarde** (P.), 4, rue du Trésor.
Couvertures en broderies, classeurs.

238 M. **Wiggishoff**, 153, rue Marcadet.
Parfumerie.

239 Mme **Chosseler**, 17, avenue de la Bourdonnais.
Vaporisateurs.

240 M. **Nepveu de Villemarceau**, 13, rue Charlot.
Jouets fantaisie.

241 Mlle **Hugentobler**, 40, route de Sannois, à Argenteuil
(Seine-et-Oise).
Broderies au métier.

242 Mme **Thouronde**, 88, rue des Marais.
Gravure sur cristaux.

243 M. **Bertrand** (Richard), 7, rue du Louvre.
Tapisseries.

244 M. **Sarrazin**, 16, rue Portefoin.
Le Sphinx.

245 Mme **Javanel**, 133, rue Saint-Dominique.
Bijouterie, fantaisie.

246 M. **Morin** (Charles), 5, rue Ballu.
Céramique d'art.

247 M. **Laforge** et **Cie**, 100, rue Vieille-du-Temple.
Cristaux et Orfèvrerie.

248 M. **Mathieu-Martain**, 42 *bis*, boulevard Bonne-Nouvelle.
Articles en métal.

249 Mlle **Valéry**, 9, passage Dulac.
Portraits au pastel.

250 M. **Roth** (Jules), 55, rue Meslay.
Maroquinerie.

250 *bis* Mme **Prontaut**, 19, rue Oberkampf.
Bijouterie.

251 M. **Caussinus** (Alfred), 35 *quater*, rue des Saints-Pères.
Décorateur statuaire.

M. **Gautier** (Paul), 170, rue Saint-Antoine.
Photographie.

252 *bis* M. **Théodorides**, 43, boulevard de Strasbourg.
Porte-plumes-Encrier.

253 M. **Ferrier**, 65, rue du Point-du-Jour.
Dentelles.

254 Mme **Braconnier**, 2, rue Poncelet.
Faïences artistiques.

255 M. **Lefevre**, 49, rue de la Folie-Méricourt.
Réchauds de voyage.

256 M. **Verdier**, 136, rue Saint-Denis.
Terres cuites d'art.

257 MM. **du Val** et **Cadiot**, 41, rue du Général-Foy.
Objets divers du Paraguay.

258 M. **Peiler** (Carl), Hindersinstrasse, 3, U. W. 40 (Berlin).
Malle de voyage.

259 M. **Morillon** (Gustave), 47, avenue Bosquet.
Optique.

260 M. **Meynial** (Georges), 39, rue des Maronites.
Terres cuites d'art.

261 M. **Manuel Périer**, 1, rue Pleyel.
« *La Pyrogravure* ».

COTÉ DROIT DE L'ORCHESTRE

261 *bis* M. **Alliaume,** 72, avenue Ledru-Rollin.
Meubles et Sièges de fantaisie.

262 Société française d'encouragement, 21, rue d'Arcole.
Industries d'art.

263 MM. **Giuseppe Rossi et fils,** 398-400, rue Saint-
Honoré.
Meubles artistiques.

M. **Malard** (Louis), 9 *bis*, rue de Maubeuge.
Meubles.

M. **Clamous,** 31, galerie d'Orléans (Palais-Royal).
Bimbeloterie, Bijouterie imitation.

268 M. **Le Boulengé,** 15, avenue Duquesne.
Écrans, Tambourin, Eventails, etc.

M. **Truchon** (Édouard), 60, rue Saint-André-des-Arts.
Édition de musique.

M. **Mangin,** 3, rue Cadet.
Tringles de luxe pour rideaux.

271 M. **Théry** (Gustave), 85, rue Saint-Lazare.
Ferrures nouvelles.

272 M. **Boivin** (Eugène), 14, rue Gambey.
Pince-nez nouveau système.

273 Mᵐᵉ **Mancelle,** 46, rue de Lancry.
Coutellerie.

274 M. **Sarriot** (V.), 189, rue Saint-Denis.
Machines et fers à repasser, chauffage par le gaz.

275 MM. **Sénevez et fils**, 6, place Saint-Michel.
Miroiterie.

276 M. **Beauvais** (J.-B.), 103, rue de Vaugirard.
Médaillons, Statuettes, Terres cuites.

277 M. **Drouet** (G.), 3, rue Martel.
Fermetures pour portes, volets et fenêtres.

278 M. **Heil** (Jean), 27, boulevard Victor-Hugo.
Optique.

279 M. **Deny** (Charles), 48, rue des Acacias.
Serrurerie artistique.

280 et 281 M. **Kratz-Boussac**, 34, rue du Château-d'Eau.
Broderies diverses.

282 M. **Stéphany**, 111, Faubourg-Saint-Honoré.
Cheveux et épingles à friser.

283 Mme **Leloutre**, 82, rue d'Aboukir.
Articles de dessin.

284 M. **Delahaye**, 34, rue Richer.
Coffrets et cartonnages.

285 M. **Patin** (Henry), 16, rue Montessuy.
Loupes et microscopes.

286 M. **Artigaud**, 14 et 16, galerie Vivienne.
Cachets pour broderies.

287 M. **Lamy** (C.), 28, boulevard Bonne-Nouvelle.
Abat-jour dentelle, Couvre-Boule dentelle, etc.

238 M. **Espenel** (Ernest), 8, rue de Valois.
Bijouterie en doré et Classe-Feuille.

289 M. **François**, 7, passage Thiesse.
Le Mnomophone.

290 M. **Lunel**, 21, boulevard Sébastopol.
Broches friseuses et Cheveux.

291 M. **Rey**, 325, rue Saint-Martin.
Bimbeloterie, bijouterie, jouets.

292 Mme **Lassimonne** (Paulette), 15, rue Breda.
Gravures, papeterie.

293 Mlle **Delaporte**, rue de l'Hôtel-de-Ville, à Pontoise (Seine-et-Oise).
Fleurs en perles.

295 M. **Dubourguet**, 4, cité Magenta.
Arrosage par capillarité.

296 M. **Boulonnois**, 54, boulevard Voltaire.
Bronzes et Meubles.

297 M. **Faignot**, 128, rue Fazillau (Levallois-Perret.
Machine à gaz.

298 Mme **Guilbert**, 10, rue Taylor.
Articles de Paris.

299 M. **Guesquin**, 112, rue du Cherche-Midi.
Eaux de toilette.

300 MM. **Lagarde et Rogé**, 18, rue Chauveau-Lagarde.
Coiffeurs de dames.

302 M. **Gaydou**, 3, rue Mogador.
Cheveux et Parfums.

303 M. **Naxara**, 9, rue Notre-Dame-de-Nazareth.
Bourses en mailles, Dessus de plat.

303 *bis* M. **Naxara** (David), 53, galerie des Princes (Palais-
Royal).
Coutellerie.

304 Mme **Léo de Léonardi**, 32, rue de la Montagne-Sainte-
Geneviève.
Terres cuites, originaux et reproductions de musées.

305 M. **Rouget**, 18, boulevard des Filles-du-Calvaire.
Armes.

306 Mme **Marguet** (Vve E.), 11, rue d'Enghien.
Articles pour ménagères.

307 M. **Magron**, 2, passage des Petits-Pères.
Plume universelle.

308 M. **Teillet**, 19, rue Lagrange.
Horlogerie.

309 MM. **J. Khodjayan et Dalman**, 37, rue Malar.
Bijouterie, Passementerie.

310 M. **Tissier** jeune (Étienne), 20, rue de la Folie-Méricourt.
Abat-jour dentelles et Bougeoirs.

311 Mme **Carle et Cie**, 7, rue Lamartine.
Musique pour piano.

313 M. **Blog** (Louis), 57, rue des Petites-Écuries.
Poudre de Sumatra pour faire briller les diamants.

314 M. **Angard** (Maxime), 6, rue de la Ville-Neuve
Violons.

315 M. **Blumberg**, 152, rue Saint-Antoine.
Tabletterie.

PREMIER ÉTAGE

SALLE DES MÉTIERS N° 33

(à gauche du Salon de l'Histoire de la Coiffure.)

Collectivité des fabricants de bonnetterie, 32, rue
Etienne-Marcel.

M. d'Algarra, 13, rue de la Pépinière.
Dorure pour étoffe.

M. E. Huck, 23, rue du Caire, seul dépositaire de la
maison Richardson et Delong.
Agrafes de sûreté « De Long ».

Mlle Vennekens, 72 *ter*, rue des Martyrs.
Ouvrages au crochet.

Mlle Bachelet, 6, boulevard Morland.
Peinture sur ivoire, gélatine, opaline, etc.

Mme Liéthoud, 6, rue Championnet.
Appareils et manuels d'enseignement.

M. Jaymes, 66, boulevard Rochechouart.
Typographie.

Mme Biard, 255, boulevard Voltaire.
Fleurs à l'aiguille, broderies au petit point.

Mlle A. Lemit, à Enghien-les-Bains.
Fleurs en ailes de mouches et papillons.

Mme Georges, 26, rue du Mail.
Repriseuse-stoppeuse.

LA PARISIENNE DU SIÈCLE

par Polipol.

M. **Corsini**.
Dessin pour orfèvrerie.

M. **H. Fournier**, 12, rue Popincourt.
Ferrures d'art.

SALLE N° 31

(à droite du Salon de l'Histoire de la Coiffure.)

M. **A. Labitte**, 5, rue de Javel.
Spécimens d'enluminures.

M. **Renault**, 3, allée des Ormes, le Perreux.
Panneau de broderie.

Mme. **Besson et Guyon**, 13, faubourg Montmartre.
Broderies en perles.

M. **Huck**, 23, rue du Caire.
Histoire de la perle.

M. **Mieusement**, 6, rue Franklin.
Photographies. Histoire de la Coiffure féminine.

Mlle **Huber**, 5, rue Lakanal, Montrouge.
Broderies.

Mme **Caze**, à Moulins (Allier).
Broderies au passé.

M. **Pannier** (Jean-Stephen), 3, rue du Vieux-Colombier.
Édition d'images.

Mlle **Mélin**, 15, rue Soufflot.
Dessins à la plume.

7

Mlle **Gouin,** 15, rue Soufflot.
Dessins à la plume.

M. **Lucien Boulet,** 13, Grande-Rue, Fontainebleau.
Paravent.

Mlle **Guyot-Tarbé.**
Dessins à la plume.

M. **Armand Paulier,** 4, rue Mirbel.
Méthode d'agrandissement des objets d'art.

M. **Dinée,** 21, rue de Malte.
Dessins pour le bronze et l'orfèvrerie.

M. **Doré** (Prosper), 25, boulevard Saint-Michel.
Panneau décoratif.

Mme **Derondel.**
Peinture sur faïence.

Mme **Avez-Délit.**
Peinture sur porcelaine.

Mlle **D'Enneirda,** 1, rue Saint-Roch.
Broderies.

Mlle **M. Glissoux.**
Tapisserie.

M. **Provost-Blondel,** 38, rue de Richelieu.
Enseignement.

M. **Platard,** 29, rue Charlot.
Panneau décoratif.

M. **Marcal,** 16, rue de Charonne.
Dessins d'ameublement.

M. **Sévallée** (Eugène), 16, place de Vaugirard.
Peinture décorative.

Librairie HACHETTE ET Cie, 79, boul. St-Germain, PARIS

La Mode Pratique

Revue de la Famille

Publiée sous la Direction de Madame C. DE BROUTELLES

LE NUMÉRO VINGT-CINQ CENTIMES

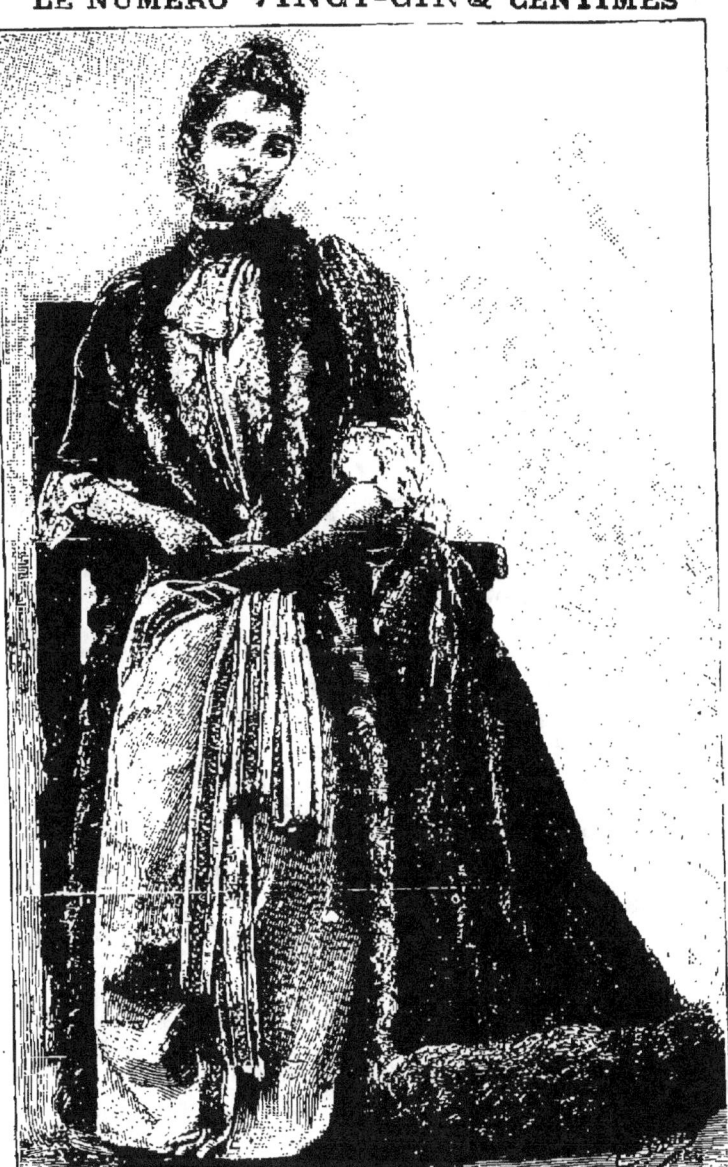

ABONNEMENTS

PARIS, Un an : 1re édition, 12 fr. — 2e édition, 15 fr. — 3e édition, 18 fr. 4e édition, 25 fr. — 5e édition, 52 fr.

ABONNEMENTS

DÉPARTEMENTS, Un an : 1re édition, 14 fr. — 2e édition, 17 fr. — 3e édition, 20 fr. 4e édition, 26 fr. — 5e édition, 55 fr.

LA MODE PRATIQUE met ses lectrices à même de s'habiller avec goût et économie.

LA MODE PRATIQUE exécute les ordres d'achat de ses lectrices.

LA MODE PRATIQUE exécute à des conditions de MON MARCHÉ EXCEPTIONNEL les toilettes qu'on lui commande.

LA MODE PRATIQUE procure sur mesures les patrons des objets décrits,

LA MODE PRATIQUE procure les matériaux nécessaires pour confectionner chaque toilette.

LA MODE PRATIQUE ouvre entre ses lectrices 4 concours par mois et décerne 8.000 fr. de prix par an.

Envoi d'un numéro-spécimen sur demande affranchie.

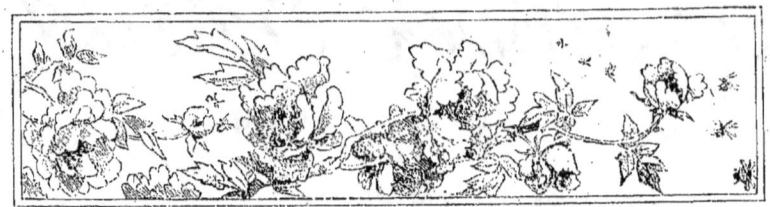

LA MAISON E. HUCK

23, Rue du Caire, 23

Un des plus curieux attraits de l'Exposition des arts de la femme, c'est assurément l'installation de la maison Huck.

Quel est cet étincelant panneau qu'on nous y montre? Est-ce quelque œuvre fantastique de fées ou de génies de conte oriental? Cela brille, miroite, rayonne comme le fameux Zaïmph au temple de Tanit.

Ce sont simplement les spécimens des transformations merveilleuses que l'industrie fait subir au verre pour en constituer un des éléments décoratifs les plus élégants de la toilette féminine. C'est en un mot l'historique« par le fait » de la perle.

Cet irradiant panneau se divise en plusieurs compartiments au fronton desquels nous lisons en caractères formés de perles multicolores :

VENISE — PARIS — BOHÊME

qui sont les grands centres créateurs de l'industrie perlière.

Paris peut être considéré comme le siège principal de la fabrication des perles artificielles, parmi lesquelles on distingue principalement :

1° L'imitation de la perle naturelle, obtenue par l'insufflation d'une substance nommée *Essence d'Orient*, qu'on prépare avec des écailles d'ablettes et de l'ammoniaque et qui donne aux globules de verre le doux éclat nacré de la perle de l'huître ;

2° Les perles en or fin et en argent, à l'intérieur desquelles ces métaux sont appliqués par des procédés chimiques spéciaux, analogues à ceux qui fixent le tain sur la glace.

Outre les échantillons de ces curieuses métamorphoses, M. Huck nous expose, en deux autres collections d'un égal intérêt, les phases de la fabrication de Bohême et de Venise, d'un caractère décoratif absolument différent, et en rapport avec le milieu où ces industries se sont développées.

Une série de spécimens nous y montre successivement : le verre brut sortant du creuset, les tubes soufflés dans ce verre, depuis les plus gros jusqu'à ceux que l'allongement indéfini de la matière malléable a réduits à une ténuité capillaire ; les perles coupées et taillées dans ces tubes, allant des grosses aux fines perles microscopiques, qui semblent une poussière étincelante ; enfin tous les degrés d'acheminement de cette curieuse industrie vers la perfection, depuis la grossière verroterie des présents destinés aux sauvages jusqu'aux plus perfectionnés modèles qui orneront la toilette de nos élégantes les plus civilisées.

Enfin ce curieux panneau est encore embelli, çà et là, par une floraison ornementale d'un éclat inaltérable. Ce sont quelques spécimens de fleurs et de branches en perles sur laiton, indication sommaire de l'imitation de la flore naturelle, qu'accomplissent les mains prestes des Vénitiennes que la maison Huck occupe en grand nombre dans ses ateliers.

Certes, ce sont là de curieux et précieux documents pour l'histoire d'une des branches les plus intéressantes de l'art décoratif. Aussi la place des panneaux de M. Huck est-elle toute marquée au Musée du Palais de l'Industrie. Nous espérons bien les y retrouver.

LIBRAIRIES-IMPRIMERIES RÉUNIES — ANCIENNE MAISON QUANTIN

MAY et MOTTEROZ, Directeurs — 7, rue Saint-Benoît, PARIS

Extrait du Catalogue de 1892

JOAILLERIE de la Renaissance, d'après des originaux et des tableaux du XVᵉ au XVIIᵉ siècle, par FERDINAND LUTHMER, directeur de l'École d'art industriel de Francfort. — Album gr. in-4° jésus, contenant un texte illustré de gravures et 20 pl. hors texte, en taille-douce et en chromolithographie, reproduisant plus de 150 sujets.
> Édition sur beau vélin, dans un cartonnage artistique : **100 fr.**

LES BIJOUX ANCIENS ET MODERNES, par E. FONTENAY. Un beau volume in-4° de 500 p. sur vélin teinté, illustré de plus de 700 dessins originaux.
> Pr.b.. : **25 fr**
> Cartonné, avec fers spéciaux : **30 fr**

LES FLEURS A PARIS, par HUGUES LE ROUX. Un vol. petit in-8°, format anglais, orné de 5 eaux-fortes originales, dont un frontispice, de Paul Avril. Tirage limité à 525 exempl., numérotés comme suit :
> Nᵒˢ 1 à 5. Sur papier impérial du Japon, avec 2 suites hors texte des eaux-fortes, l'une en bistre avec remarque, l'autre en sanguine et une aquarelle originale. (ÉPUISÉS.) **100 fr.**
> Nᵒˢ 6 à 25. Sur papier impérial du Japon, contenant une suite des planches en bistre avec remarque. (ÉPUISÉS.) ...... **20 fr.**
> Nᵒˢ 26 à 525. Sur beau papier teinté à la cuve .... **40 fr.**

LES FEMMES DE BRANTOME, par HENRI BOUCHOT. Un volume in-4° d'environ 300 pages, avec 30 pl. hors texte en phototypie et de nombreuses vignettes dans le texte reproduites d'après les originaux.
> Prix : **20 fr.**

UN CAS DE RUPTURE, par ALEXANDRE DUMAS fils, de l'Académie française. Édition de luxe d'un petit chef-d'œuvre inconnu. Un vol. petit in-4° de plus de 100 pages, illustrées d'une série de compositions d'une variété infinie, dessinées page à page par Eugène Courboin et gravées en taille-douce par Lemercier, formant décoration autour du texte. Tirage en taille-douce de tons divers changeant selon les sujets.
> 1050 *exemplaires numérotés :*
> 1000 exempl. sur vélin à la forme (PRESQUE ÉPUISÉS) ... **60 fr**
> 40 exempl. sur japon, avec suite de 400 planches hors texte (ÉPUISÉS) .... **120 fr.**
> 10 exempl. sur japon ornés chacun de 40 compositions originales d'Eugène Courboin (ÉPUISÉS) .... **500 fr.**
> Emboîtage cuir japonais, rubans satin .... **6 fr.**

LA DAME AUX CAMÉLIAS, par ALEXANDRE DUMAS FILS, avec une nouvelle Préface de l'auteur. — Publication de grand luxe formant un magnifique volume in-4° carré, imprimé sur beau papier vélin fabriqué spécialement pour cet ouvrage, et illustré d'après les compositions de A. Lynch, d'un grand frontispice en couleur gravé par Gaujean, de 30 en-têtes de chapitres en héliogravure directe et tirés en taille-douce dans des tons variés, et de 10 eaux-fortes hors texte gravées par Champollion et Massé.
> TIRAGE A PETIT NOMBRE
> Édition sur papier vélin **50 fr.**
> Demi-reliure d'amateur, à coins **65 fr.**

LIBRAIRIES-IMPRIMERIES RÉUNIES - ANCIENNE MAISON QUANTIN

MAY et MOTTEROZ, Directeurs — 7, rue Saint-Benoît, PARIS

Extrait du Catalogue de 1892

DICTIONNAIRE de l'Ameublement et de la Décoration *depuis le* XIII° *siècle jusqu'à nos jours,* par HENRY HAVARD. 4 magnifiques vol. de 600 p. in-4° à 2 col., contenant chacun plus de 800 grav. dans le texte et 64 gr. pl. hors texte en chromotypographie.

Reliure souple à fers sur carton-cuir.
Prix de l'ouvrage complet : **220 fr.**

LA PORCELAINE TENDRE DE SÈVRES, par ÉDOUARD GARNIER (complet en dix livraisons). Splendide album grand in-4° colombier de 50 pl., contenant plus de 250 motifs reproduits en aquarelle, précédés d'une importante notice historique et d'un tableau des marques et monogrammes des peintres, décorateurs et doreurs de la Manufacture de Sèvres, de 1753 à 1800.

Prix de l'ouvrage, dans un carton-nage : **200 fr.**
Prix de chaque livraison : **20 fr.**

LES TAPISSERIES COPTES, par GERSPACH, administrateur de la Manufacture nationale des Gobelins.

De nombreux types de la fabrication textile des Coptes ont été mis à jour par de récentes découvertes. — Les motifs très originaux de ces habiles décorateurs peuvent servir à toutes les industries d'art : tissus de soie, de laine, de coton et de lin ; dentelles, tulles, broderies, passementeries, tapisseries ; meubles, incrustations, marqueterie ; papiers peints, imagerie, reliure ; mosaïque, céramique, carrelage, etc.

Album in-4° écu, avec texte, contenant 160 dessins reproduits d'après les originaux et tirés en bistre et en couleurs.
Prix, cartonné : **8 fr.**

BIBLIOTHÈQUE de l'**ENSEIGNEMENT** des **BEAUX-ARTS** publiée sous le patronage de l'Administration des Beaux-Arts. Honorée d'un **Prix Montyon** par l'Académie française, du **Prix Bordin** par l'Académie des Beaux-Arts et d'une **Médaille d'Or** à l'Exposition universelle de 1889. — Directeur de la Publication : M. JULES COMTE, ancien inspecteur général des écoles de Beaux-Arts, directeur des Bâtiments civils et Palais nationaux. — 40 volumes actuellement parus.

TITRES DE QUELQUES OUVRAGES :

Broderie et Dentelles, par M. E. LEFÉBURE, fabricant de dentelles.

Composition décorative (la), par M. HENRY MAYEUX, architecte du Gouvernement, professeur d'art décoratif dans les Écoles de la Ville de Paris.

Costume en France (le), par M. ARY RENAN.

Faïence (la), par M. DECK, administrateur de la Manufacture de Sèvres.

Mosaïque (la), par M. GERSPACH, de de la Manufacture des Gobelins.

Tapisserie (la), par M. E. MUNTZ, conservateur de la Bibliothèque des Archives et du Musée à l'École des Beaux-Arts.

BULLETIN DE L'AMATEUR de Tissus, de Tapisseries et de Passementeries, de Collections et de Décors. — Petite Gazette mensuelle illustrée du vêtement et de l'ameublement autrefois et aujourd'hui.

Prix du numéro : **1 fr. 25.**

Les Ouvrages de Dames chez Henry

A LA PENSÉE

5, Rue du Faubourg-Saint-Honoré, 5
PARIS

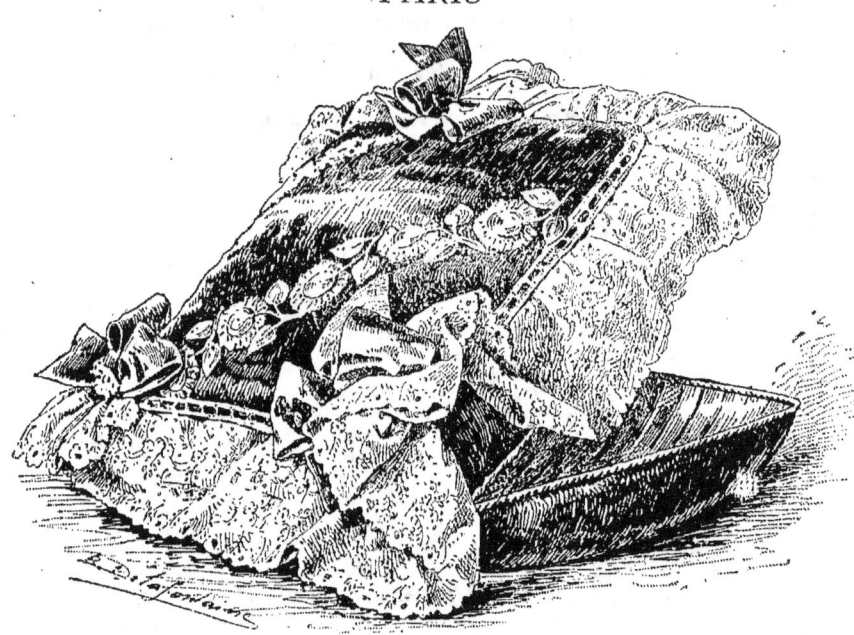

Une des conséquences de la transformation artistique des appartements a été d'obliger la femme du monde à troquer le fastidieux motif de tapisserie contre des ouvrages plus appropriés avec les somptueuses étoffes d'autrefois et les riches broderies qui les entourent. Le goût, du reste, s'est beaucoup répandu. Les publications spéciales, l'étude du dessin, la visite aux expositions, ont donné à toutes les jeunes filles des connaissances et un sentiment artistique plus relevés. C'est ce mouvement que la maison HENRY, *A la Pensée*, a compris. Cette si ancienne maison s'est alors livrée à l'étude des broderies anciennes et, reconstituant les matériaux, les étoffes, décomposant et simplifiant les points, elle est arrivée à mettre dans les mains des jeunes filles et des jeunes femmes des ouvrages que seuls les chasubliers, les grands maîtres en broderie eussent osé jadis entreprendre. Étudiant les broderies Louis XIV, M. HENRY a rétabli, outre les damas du temps, le passement qui permet de répéter les portières, les lambrequins, les dessus des claviers du grand siècle.

De même pour les époques Louis XIV et Louis XV, nous retrouvons, dans cette Maison, la broderie rococo, le bouillon d'or, les paillettes.

Chacune de ces broderies se prête aux mille et mille objets dont s'encombre maintenant l'intérieur d'une femme élégante : sachets, coussins, boîtes à dentelles, pelotes, écrans de lumière, paravent de table pour miniatures, etc.

L'étude de toutes ces broderies et leur mise à la portée de la femme du monde n'a pas fait négliger, à la Maison *A la Pensée*, la tapisserie; bien au contraire, puisant dans les richesses du garde-meuble et de Cluny, M. HENRY a reconstitué des écrans, des portières, des coussins et des sièges d'un style absolument exact.

Tous ces objets sont livrés préparés et prêts à être terminés sans aucune peine.

Les efforts de cette maison pour la reconstitution des travaux d'art ont, du reste, été remarqués par le Jury de l'Exposition universelle de 1889, qui lui a accordé d'emblée la Médaille d'or.

LA CÉRAMIQUE MODERNE

GRAND DÉPOT. — E. BOURGEOIS

21, Rue Drouot, 21

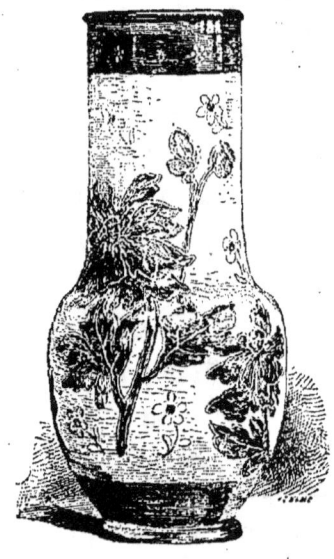

Vase grès décoré.

La céramique, de notre temps, est certes une des branches de l'art décoratif qui ont fait le plus de progrès. Les artistes éminents ne sont plus rares dans ces belles spécialités de la porcelaine, du grès et de la faïence. Ils ont conquis des résultats dans la forme et le décor qui ont placé la céramique française au premier rang. Aussi quel succès aux expositions internationales ! La réunion des chefs-d'œuvre de notre fabrication y rencontre toujours le même enthousiasme. Ils sont toujours une fête éblouissante pour les yeux et l'esprit des raffinés du goût.

Il est à Paris un musée de céramique bien connu des amateurs. Qui donc ignore le Grand Dépôt de M. E. Bourgeois, 21, rue Drouot ? Qui donc n'a passé de longs instants devant ces brillants étalages où se trouvent rassemblés toutes les formes, tous les décors et combinaisons de nuances et de tons que l'art de la porcelaine réalise en ses miracles ?

Le Grand Dépôt, on le sait, ne fabrique pas, mais il réunit dans ses magasins la fabrication céramique du monde entier. C'est ici le quartier général de la céramique et de la cristallerie artistiques. C'est ici que les artistes les plus célèbres en ce genre exposent leurs œuvres. Et c'est pour eux un titre envié que d'être reçus au Grand Dépôt, ce permanent Salon d'exposition où l'on ne trouve à admirer que des œuvres remarquables.

Entre toutes brillent d'un éclat à nul autre comparable celles de la maison Haviland & Cº, de Limoges. Car il faut citer MM. Haviland en première ligne parmi les fabricants qui ont le mieux compris tout le parti qu'il y avait à tirer, dans notre société moderne, de la céramique d'art. Avec une intelligence remarquable des conditions de la vie contemporaine, avec le sens artistique le plus exercé, ils ont ouvert à leur industrie toutes les voies de succès et de perfection. Le grand prix qu'ils ont obtenu à l'Exposition de 1889 n'est que le couronnement de longs triomphes et d'incessantes récompenses, depuis quarante ans, à tous les grands concours internationaux.

C'est surtout au Grand Dépôt qu'on peut apprécier les résultats obtenus par la grande maison de Limoges et qui peuvent se résumer en deux mots : perfection d'art inouïe jointe à une modicité de prix étonnante.

Le Grand Dépôt a pleinement atteint son but, qui est de vulgariser les produits de la céramique du monde entier, et de les rendre accessibles à toutes les bourses. Consultez, pour vous en convaincre, son Catalogue-Album colorié, un chef-d'œuvre de chromolithographie, dans lequel sont reproduits plus de huit cents modèles de services de table et dessert, de services en cristal et de garnitures de toilette.

Ajoutons que ce précieux Album, grâce auquel on peut faire ses commandes de n'importe quel point du globe aussi sûrement qu'au Grand Dépôt même, est expédié *franco* contre un mandat de dix francs remboursés aux acheteurs sur la première commande dépassant cent francs.

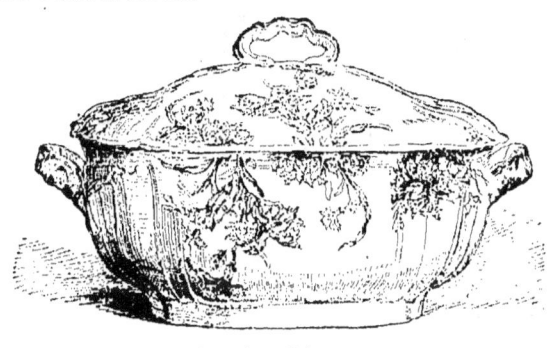

Service Diane.

N° 46. — 47ᵉ Année   Prix du Numéro sans annexes : 25 centimes   Samedi 16 Novembre 1889
avec gravure coloriée : 50 centimes

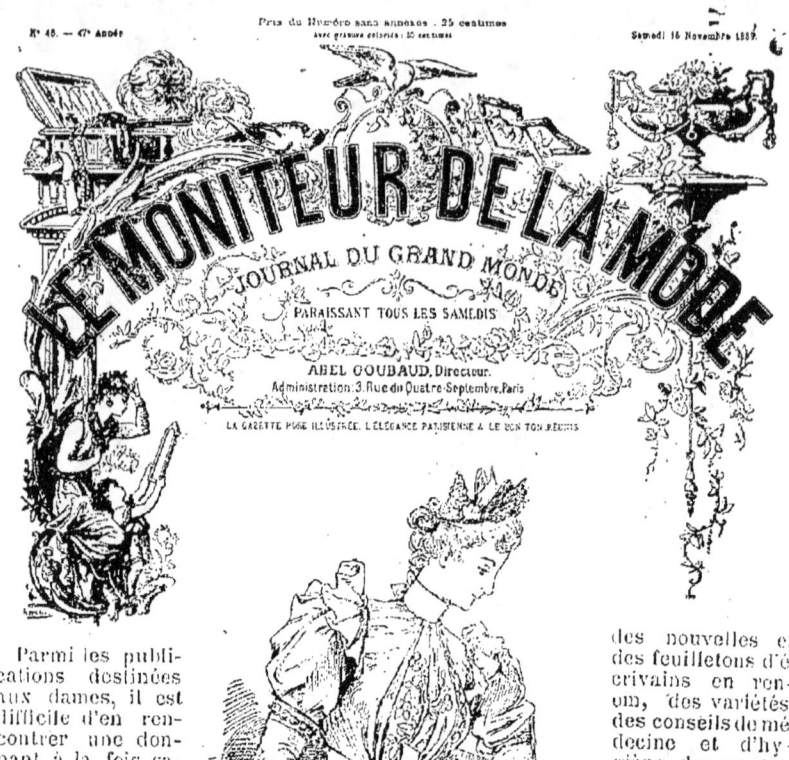

LE MONITEUR DE LA MODE

JOURNAL DU GRAND MONDE
PARAISSANT TOUS LES SAMEDIS

ABEL GOUBAUD, Directeur.
Administration : 3, Rue du Quatre-Septembre, Paris

LA GAZETTE ROSE ILLUSTRÉE, L'ÉLÉGANCE PARISIENNE & LE BON TON RÉUNIS

Parmi les publications destinées aux dames, il est difficile d'en rencontrer une donnant à la fois satisfaction à la femme élégante, à la mère de famille, à la maîtresse de maison.

Le *Moniteur de la Mode* remplit ce triple but : Fondé depuis 1843, et progressant sans cesse, il compte aujourd'hui, avec ses éditions française, anglaise, allemande, américaine, italienne, espagnole et portugaise, plus de 200,000 abonnées.

On trouve dans chaque numéro de nombreuses illustrations représentant des toilettes de tout genre, des détails de modes touchant à toutes les parties de la toilette, depuis la coiffure jusqu'à la chaussure ; des costumes d'enfants de tout âge ; des modèles de travaux de dames de toute sorte ; enfin d'élégants dessins d'ameublement qui peuvent servir de guide pratique pour l'installation d'une maison ; des patrons tracés et coupés, d'une exécution facile et d'une exactitude parfaite. La partie littéraire, traitée avec le même soin, comporte des nouvelles et des feuilletons d'écrivains en renom, des variétés, des conseils de médecine et d'hygiène, des recettes de ménage, une correspondance, véritable source de bons conseils, dans laquelle notre sympathique rédactrice en chef, Mᵐᵉ Gabrielle d'Eze répond à toutes les demandes de renseignements qui rentrent dans le cadre d'un journal de famille.

Depuis une vingtaine d'années, le *Moniteur de la Mode* lutte victorieusement contre l'introduction en France des modes allemandes qui nous arrivent sous le couvert de journaux français, reproduisant les dessins faits à Berlin et à Leipsig.

Le *Moniteur de la Mode*, au contraire, est une publication essentiellement française. Tous ses modèles, empruntés aux premières maisons de Paris, sont destinés et gravés par des artistes français. Aussi, est-ce faire acte de patriotisme intelligent et bien entendu, que de propager un journal qui représente si bien le goût parisien et les modes françaises.

PRIX D'ABONNEMENT :

pour PARIS, les Départements, l'Algérie et la Tunisie

ÉDITION SIMPLE			PREMIÈRE ÉDITION		
Un an...............	14	»	Un an...............	26	»
Six mois.............	7	50	Six mois.............	15	»
Trois mois...........	4	»	Trois mois...........	8	»

ROBES & MANTEAUX

LINGERIE

Mmes LIPMAN

2, RUE DE LA PAIX

PARIS

PARIS

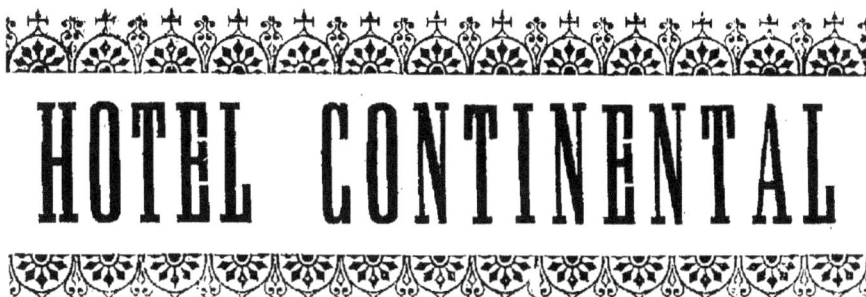

HOTEL CONTINENTAL

600 Chambres et Salons

entièrement éclairés à la

LUMIÈRE ÉLECTRIQUE

Le plus Élégant

le plus Confortable Hôtel

du Continent

BRODERIES ARTISTIQUES

Madame LEROUDIER

LYON

19 --- *Place Tholozan* --- 19

PARIS

62 --- *Rue de Provence* --- 62

Broderies or, Soies & Applications

POUR

ORNEMENTS D'ÉGLISE, MODES

Spécialité d'Ameublements de tous styles

DÉCORATION INTÉRIEURE

POUR

CHATEAUX & APPARTEMENTS

TAPISSERIES ANCIENNES

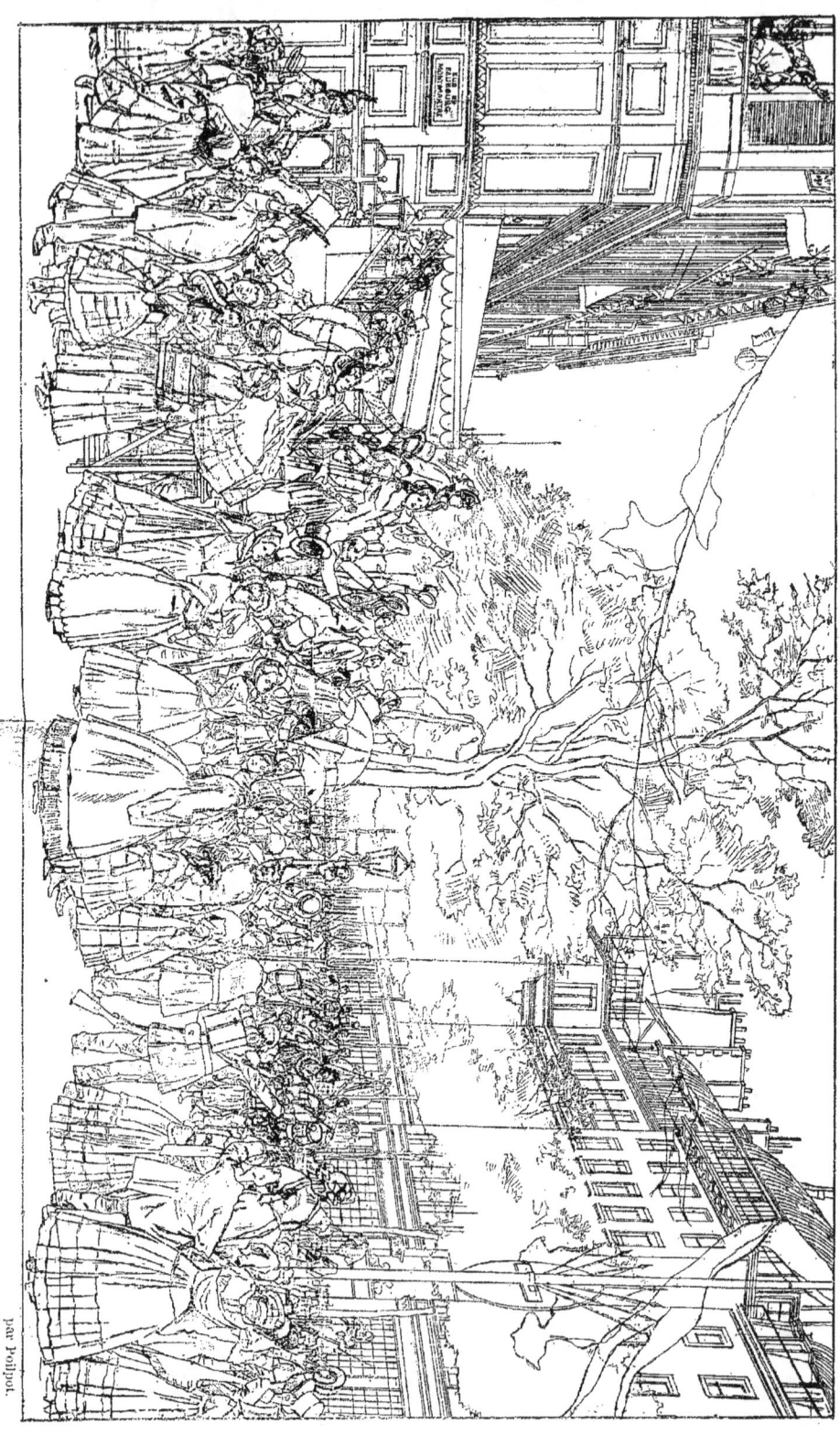

LA PARISIENNE DU SIÈCLE

1859. — Le Retour des Troupes d'Italie

par Poilpot.

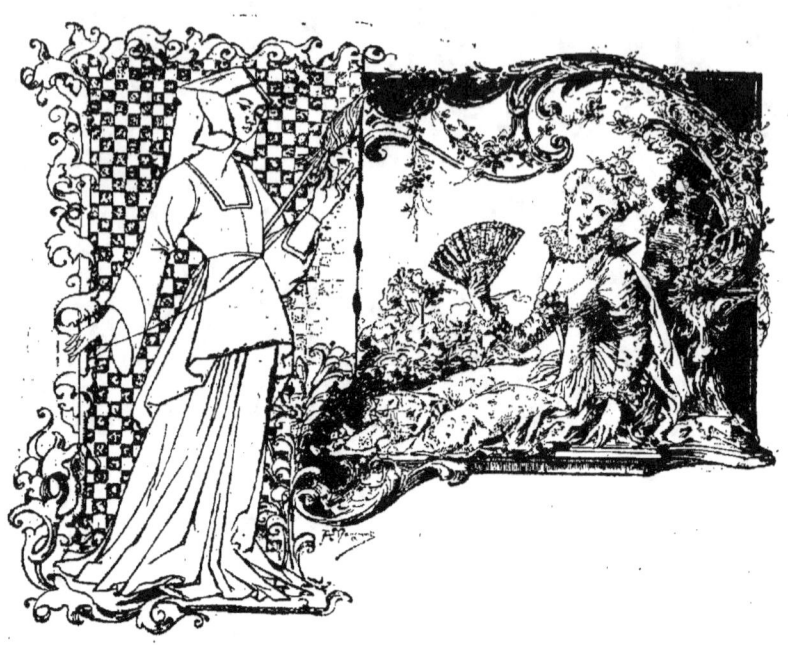

SECTION RÉTROSPECTIVE

PROGRAMME

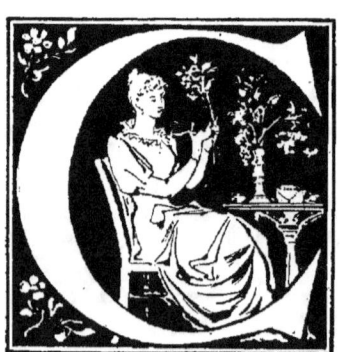 'EST une entreprise nouvelle qui conti-
nue la série des grandes Expositions
spéciales, inaugurées si brillamment
en 1865, et poursuivies avec tant
d'éclat en 1869, 1874, 1876, 1880,
1882 et 1884, que l'Exposition consa
crée cette année, d'août à novembre,
par l'Union des Arts décoratifs, aux
Arts de la Femme. Cette Exposition
a pour but d'offrir au public l'original et fécond spectacle de tout ce qui,
dans les industries d'art anciennes et
modernes, a été exécuté pour ou par la femme. Que peut-il y avoir de
plus aimable, de plus spirituel et de plus séduisant que les œuvres
constituant sa parure et son luxe? Pour remplir la mission de

8

haut enseignement artistique que lui imposent ses statuts, l'Union centrale a la tradition de conformer étroitement l'organisation de la Section rétrospective de ses Expositions à celle de la Section moderne. Le passé ne peut en effet servir de leçon utile au présent qu'à la condition de lui présenter ses précieux éléments d'études sur le même terrain et avec une même classification technologique.

En conséquence, l'Union centrale a décidé de donner au programme de la Section rétrospective de l'Exposition des arts de la femme les divisions suivantes, qui correspondent exactement à celles de la section moderne :

Groupe I. — COSTUME FÉMININ

Ce groupe contiendra deux classes :

1re Classe. **Histoire graphique de la mode féminine.** — Cette histoire sera organisée au moyen de sculptures, tableaux, miniatures, dessins, gravures et photographies, montrant depuis l'antiquité jusqu'à nos jours, et dans tous les pays, les transformations de la mode féminine.

2° Classe. **Costumes féminins.** — Dans cette classe figureront, classés chronologiquement et ethnographiquement, les costumes complets ou fragmentés, les matériaux qui entrent dans leur composition : étoffes, dentelles, broderies, passementeries, etc.; les objets qui en sont parties intégrantes : coiffures, chaussures, ceintures, jarretières, collerettes, etc.

Groupe II. — OBJETS A L'USAGE DE LA FEMME

Quatre classes formeront ce groupe :

3° Classe. **Ornements de la femme.** — Dans cette classe entreront toutes les œuvres et tous les objets d'art qui contribuent à la parure de la femme : bijoux, joyaux, éventails, montres, etc.

4° Classe. **Instruments de toilette et de travail de la femme.** — Sous cette dénomination seront compris : les miroirs, peignes, busces de corsages, trousses, ciseaux, navettes, quenouilles, rouets, etc.; les métiers divers de tissage, de broderies, de dentelles, de passementeries; les instruments de musique présentant, dans leur forme et dans leur décoration, un caractère artistique, etc.

5° Classe. **Mobilier de la femme.** — Tout ce qui, dans le mobilier et l'ameublement, est exécuté pour l'usage de la femme fournira les éléments de cette classe : meubles de boudoirs, de chambres à coucher, de petits salons; bureaux, tables à écrire, bonheurs du jour, fauteuils et chaises de dames, chaises à porteur, coffrets à bijoux, etc. Les accessoires du mobilier féminin : bronzes, céramique, etc., seront également recherchés pour compléter cette classe.

L'Union centrale se propose de restituer, autant que possible, des intérieurs complets et des ensembles montrant les transformations successives du goût féminin en matière d'ameublement et de décoration.

6ᵉ Classe. **Œuvres d'art ayant appartenu à des femmes célèbres.** — Cette classe contiendra des œuvres d'art de tous genres provenant de palais, châteaux et hôtels, résidences de femmes célèbres par le rang qu'elles ont occupé dans l'histoire, par leur génie ou par leur talent dans les arts, dans la littérature, etc. Toutefois, on n'admettra parmi ces pièces historiques que celles qui offriront nettement un caractère artistique et qui correspondront aux divisions du programme de l'Exposition.

Groupe III. — TRAVAUX D'ART FÉMININS

Ce groupe sera consacré exclusivement aux œuvres d'art exécutées par la femme dans toutes les branches des beaux-arts et des industries artistiques, en tous temps et dans tous les pays.

Il comprendra deux classes :

7ᵉ Classe : les œuvres de peinture, sculpture et gravure ; les dessins, les miniatures, etc.

8ᵉ Classe : les broderies, tapisseries, dentelles, etc.

L'Union centrale des Arts décoratifs, pour constituer le Comité de propagande et d'organisation de la Section rétrospective de l'Exposition des arts de la femme, a fait appel au concours dévoué d'artistes, d'érudits, d'amateurs et collectionneurs du goût le plus délicat et de la science la plus profonde. Dans ces conditions, cette section, en 1892, ne sera certainement pas moins brillante que dans les expositions antérieures de la Société, et contribuera puissamment de nouveau au développement de l'instruction industrielle et artistique de notre pays.

––––––––––––––

Au Palais de l'Industrie, la Section rétrospective occupe la rangée des salles du premier étage parallèle à la galerie intérieure, c'est-à-dire celles qui se trouvent du côté de la grande nef du Palais. Ces salles portent les nᵒˢ 7, 9, 11, 13, 15, 16, 17, 19, 21, 23, 25, 26, 27, 29 et 30. Le nombre considérable des œuvres qui y sont exposées n'a pas permis d'en donner ici une énumération détaillée.

On pourra, cependant, grâce au Guide-livret illustré et aux étiquettes placées devant chaque objet, avoir une idée très complète des collections exposées dans la Section rétrospective.

SALLE VII

Ornements de la femme, — Bijoux anciens, — Tapisseries anciennes, — Éventails anciens.

La vitrine n° 1 est presque entièrement consacrée aux étoffes, dentelles et broderies anciennes qui font partie de la collection particulière de Mme veuve Spitzer. On y remarque également une mitre et un sac provenant de Mme la vicomtesse de Janzé et deux objets prêtés par Mme veuve Flandin ?

La vitrine n° 2 contient les éventails anciens de la collection de Mme Charles Cosson. Outre ces éventails, qui sont au nombre d'une quarantaine et qui appartiennent tous au siècle dernier, on remarque dans cette vitrine des broderies anciennes, des châtelaines, des boucles, des boîtes richement ornées, des flacons, des bourses, des objets de toilette, etc.

La collection de M. Dugas occupe la vitrine n° 3. Cette collection se compose d'une quarantaine de coffrets. Au fond de la vitrine se trouve une tapisserie au point qui appartient à M. de Saint-Marceau.

Les vitrines-tables n°s 4, 5 et 6 contiennent une nombreuse série de bijoux, boîtes, miniatures, fibules et boucles de ceinture provenant de la collection de M. Beurdeley.

Dans la vitrine n° 7 se trouvent des éventails appartenant à Mmes la vicomtesse de Janzé et la comtesse de Gramont d'Aster. On y remarque également divers objets, tels que nécessaires, miniatures, colliers, bourses, ceintures et jarretières, prêtés par Mmes Jeanne Santerre, Autier de Cauvry, J. Badin, E. Badin, MM. Read Le Sergeant de Monnecove, A. de Champeaux et le marquis de Grollier.

La vitrine n° 8 est consacrée à une série d'éventails anciens, de bourses, de châtelaines, etc., provenant des collections de M. Ch. Manheim et de Mme Louis Mayer.

Dans la vitrine n° 9, nous voyons une collection de breloques et d'objets minuscules appartenant à Mme Henry Leroy.

La vitrine n° 10 renferme plusieurs éventails prêtés par Mmes Dr uyn de Lhuys et la baronne de Pages. Nous y voyons également plusieurs objets qui ont appartenu à la reine Marie-Antoinette : un petit nécessaire donné par elle, le 10 août, au garde du corps Frédéric de Girard, un peigne de poche et un étui à aiguilles.

Cette même vitrine contient divers objets provenant des collections Seligman et Falkenberg.

La vitrine n° 11 est consacrée à la collection de M. Marmuse, collection de cuillers, de fourchettes, de couteaux, de ciseaux et de nécessaires.

Enfin dans la vitrine n° 12 figure une série d'ustensiles, à l'usage de la femme, tels que navettes, étuis, dés à coudre, ciseaux, etc. Ces ustensiles ont été prêtés par Mme Piet-Lataudrie.

Sur les murs, nous remarquons d'abord plusieurs tapisseries anciennes qui datent du xve et du xvie siècles. Elles ont été prêtées par les Gobelins, par MM. Ch. Mannheim, C. Maciet, de Lalande et Jadin. Sur les murs également, se trouve un grand nombre de tableaux, de portraits et d'éventails intéressant les modes féminines, aux xve, xvie, xviie et xviiie siècles. Ces œuvres ont été prêtées par MM. Droz, Dr Piogey, de Buisseret, Mmes Deligant, Lecocq, Vallayer-Coster, Mme veuve Spitzer, MM. Beurdeley, Jamarin, de Biencourt.

SALLE IX

Ornements de la femme, — La mode d'après les portraits, — Éventails anciens, — Œuvres d'art ayant appartenu à des femmes célèbres, — Objets d'art anciens à l'usage de la femme, — Bijoux anciens.

La vitrine murale n° 1 est en majeure partie occupée par la collection de Mlle Dugrenot. Cette collection se compose d'un grand nombre de plastrons, de garnitures et de devants de robes, brodés en soie, avec applications et dentelles. On remarque dans cette vitrine également, des manches, des devants de robe et des corsages appartenant à Mme Fulgence et une série de corsets de fer, prêtés par M. Le Secq des Tournelles.

La vitrine n° 2 renferme une riche collection d'éventails anciens qui ont été prêtés par M. le Dr Piogey. L'un de ces éventails a été peint par Boucher. Dans cette vitrine encore se trouvent divers objets, tels qu'un étui à aiguilles et un étui à lunettes ayant appartenu à la reine Marie-Antoinette, des miniatures, des plaques de peignes, etc.

Dans la vitrine n° 3 ont été réunis les objets d'un usage intime, qui sont baptisés du nom d'un orateur célèbre, Bourdaloue. Le grand prédicateur mettait, dit-on, nos grand'mères à si rude épreuve par la longueur de ses sermons qu'elles emportaient à l'église ce petit meuble qui bien souvent fut une délicieuse œuvre d'art. On peut s'en rendre compte du reste par ceux qu'ont prêtés à l'Exposition des arts de la femme, MM. le marquis de Grollier, Léon Fould, Stettiner, Gasnault, Metman, Caillot, Grandjean, Duranton, Mmes de C..., Cosson et Jenny Rattet. Cette vitrine renferme en outre plusieurs œuvres en porcelaine peinte provenant des collections de M. Stettiner et de Mme J. Woernitz.

Au centre de la Salle IX, une petite vitrine, la vitrine n° 4, renferme le livre d'Heures d'Andrée de Vivonne, duchesse de la Rochefoucauld, femme de l'auteur des *Maximes*.

Ce livre d'Heures à été écrit par Nicolas Jarry en 1651. Il appartient au comte Aimery de la Rochefoucauld.

La vitrine n° 5 contient les éventails anciens de la collection de Mme Joly ; — la vitrine n° 6 les bijoux de la collection de M. Paul Gasnault ; — la vitrine n° 7 les miniatures et objets précieux de la collection de M. Félix Doisteau ; — la vitrine n° 8 les objets d'art prêtés par M. Victor Klotz ; — la vitrine n° 9 les montres anciennes de la collection de M. Paul Garnier, et les châtelaines et les couteaux appartenant à M. J. Ollivier ; — la vitrine n° 10 divers objets en fer forgé et décoré, provenant de la collection de M. Le Secq des Tournelles ; — la vitrine n° 11 des spécimens de reliures prêtés par M. Émile Rondeau ; — enfin la vitrine n° 12 une série de curiosités appartenant à M. Victor Klotz.

Sur les murs sont exposés une série de portraits de femme et de scènes d'intérieur. Ces tableaux ont été prêtés par

Mmes veuve Spitzer, De Lalande, Goffart, duchesse de Luynes, Cosson, Grandjean, baronne de Pages; MM. Piogey, Maciet de Biencourt, Mannheim, Bernestein, S. Mayer, Féral, Jamarin, Sedelmayer, Miele, Beurdeley, Bach, Lallement.

SALLE XI

Ornements de la femme, — La mode d'après les portraits, — Mobilier féminin ancien, — Instruments de travail artistique à l'usage de la femme.

Vitrine n° 1. — Nous ne pouvons qu'énumérer rapidement les objets que renferme la vitrine n° 1. On y voit un porte-bobines Louis XVI, un rouet d'enfant, un rouet XVIIIe siècle, un rouet en bronze doré et ciselé portant les attributs de la Dauphine, le rouet de Mme Elisabeth de France, sœur de Louis XVI, un rouet ayant appartenu à la mère de Philippe de Girard, le rouet de Marie-Antoinette, plusieurs dévidoirs, dont un, style Louis XV, est orné d'incrustations de nacre et d'ivoire, une petite table en marqueterie de style Louis XVI, plusieurs tambours à broder, deux miroirs de toilette de Boulle (style Louis XIV), une série de huit coffrets de Bagard, le coffret de l'impératrice, femme d'Ivan le Terrible (1580), une glace en bronze ciselé et doré (1er Empire), et enfin un porte-montre de Boulle. Ces divers objets ont été prêtés par Mmes Ch. Cosson, Autier de Cauvry, la baronne de Pages, Adelon, Grandjean, veuve Flandin, A. Desmottes, la comtesse de Gramont d'Aster, MM. Perdreau, Stettiner, le marquis de Chaponay, Le Secq des Tournelles, Paul Eudel, J. Seligman, Léon Fould.

La vitrine n° 2 contient les riches collections de broderies anciennes de Mmes la comtesse de Noé et veuve Flandin ; de MM. le comte Lair et le baron Rey-Rouaz. On y remarque également le parasol vert, orné d'une frange d'or, qui abrita la beauté de Diane de Poitiers ; ce parasol appartient aujourd'hui à M. le comte de Reiset qui a prêté également à l'Exposition des Arts de la Femme une petite poche brodée en perles. La vitrine n° 2 renferme enfin des dentelles exposées par M. J.-B. Giraud, des recueils d'estampes prêtés par MM. le marquis de Biencourt et Edmond Bonnaffé, un livre d'heures de la collection de Mme Adelon et un album de romances de la reine Hortense, avec son portrait et un autographe offert à la duchesse de Bassano et portant la date de 1814 (collection de Mme P. Viger).

Dans la vitrine n° 3 se trouvent des broderies de la collection de Mme veuve Flandin ; — dans la vitrine n° 4, les éventails anciens appartenant à M. E. Buissot ; dans la vitrine n° 5, les broderies, miniatures et objets divers prêtés par M. Otto Friedrichs ; — dans la vitrine n° 6, une série d'éventails, de bijoux et de miniatures qui sont exposés par Mmes Angèle Le Métais, Goffart, Grandjean, Metman, Perrot, Gautier, Drevon, Jeanne Garnier ; MM. le marquis de Biencourt, Read, Duranton, P. Lorain, Jules Maciet, Falize, Perrot, Cousin, Houzeau, Perdreau et Helft ; — la vitrine n° 7 est enfin consacrée à une série de râpes à tabac en ivoire sculpté et décoré et de tabatières qui appartiennent à M. Alain.

Au milieu de la salle XI, est à remarquer une toilette duchesse (1er Empire) avec son fauteuil, prêtés par M. Hustinx, ainsi que le clavecin Louis XVI provenant de la collection de M. Delamarre-Didot.

Le long de la cimaise se trouvent divers meubles du xviiie siècle. Ils ont été exposés par Mme Charles Cosson, MM. Stettiner, le Dr Piogey, Léon Fould et A. Jouve.

De même que les murs des salles précédentes, ceux de la salle XI sont décorés d'un grand nombre de portraits de femmes et de scènes d'intérieur. Ces tableaux appartiennent aux collectionneurs que nous avons cités déjà. Notons au-dessus de la porte donnant accès à la galerie intérieure du Palais de l'Industrie quelques vitraux du xvie siècle prêtés par M. Henri Baboneau.

SALLE XIII

Ornements de la femme, — Costumes et tissus anciens, —
Broderies anciennes.

La vitrine n°. 1 qui occupe la majeure partie de la salle XIII est consacrée à une nombreuse série de robes anciennes et à divers spécimens de dentelles et de broderies. Les collectionneurs qui ont collaboré à cette exposition sont : Mme la comtesse de Greffulhe, MM. Lefébure, le marquis de Grollier, A. de Champeaux, G. Verger, Marmuse, MM^mes Ve Flandin, de la Boissière, P. Viger, Doisteau, Schreckenburger. Quelques-unes de ces toilettes appartiennent à l'Union centrale des Arts décoratifs. Ajoutons qu'elles datent presque toutes du siècle dernier ou du commencement de ce siècle.

La vitrine n° 2 contient une collection de chapeaux qui datent surtout de la fin du xviiie siècle et du début du xixe siècle. On y remarque également des peignes, des écrans, des ridicules, des corsages, des bourses, des gants, etc. Ces divers objets ont été prêtés par MM^mes P. Vigier, Ve Flandin, Autier de Cauvry, Doisteau, MM. Léon Dru, A. de Champeaux, Joseph Jay.

Les vitrines n°s 3, 4, 5 et 6 renferment des dentelles qui font partie des collections de MM^mes la comtesse de Gramont d'Aster (robe en dentelle du roi de Rome), Sibire, Cosson, J. Woernitz et M. G. Romeuf.

On trouvera, réunis dans la vitrine n° 4 (collection de Mme Cosson), des spécimens des divers points ; points de Malines, point d'Angleterre, point de Rose, point coupé, point de France, point d'Alençon, point d'Argentan, point de Venise, point de Valenciennes, etc., etc.

SALLE XV

La Femme d'après les maîtres.

La maison de photographie Braun et Cie, s'associant à l'œuvre de l'Union centrale des Arts décoratifs, a fait, dans ses innombrables reproductions des chefs-d'œuvre des musées de France et de l'étranger, un choix des tableaux des maîtres les plus illustres, représentant la femme : Titien, Rubens, Van Dyck, Porbus, Gainsborough, David, Prud'hon, Vigée-le-Brun, Gérard, etc. Cette série de portraits constitue un véritable musée, très original, entièrement consacré à la gloire de la beauté.

SALLE XVI

Grand salon d'honneur.

Musée autrichien d'art et d'industrie de Vienne, — Musée commercial de Vienne Société hongroise des Arts décoratifs, — Musée hongrois des Arts décoratifs, — Collection du Dr Figdor de Vienne, — Musée industriel municipal de Léopol-Galicie. — Collection de M. Léon Dru, — Collection de M. E. Guillemin, — Pavillon du comité pour la propagation des broderies populaires à Prague.

Musée autrichien d'art et d'industrie à Vienne

Les œuvres d'art que le Musée impérial autrichien d'art et d'industrie a envoyées à l'Exposition des Arts de la Femme sont de diverses provenances; ils intéressent tous, cependant, l'empire d'Autriche-Hongrie et la péninsule des Balkans. On y remarque des chemises de paysannes roumaines, des voiles brodés et des mouchoirs de tête, brodés d'argent, garnis de dentelles d'or, qui sont originaires de la Bukhovine. De la Bosnie provient une série de dix voiles de toile fine, brodés en soie et en or. L'Herzégovine est représentée par une chemise de femme brodée à la poitrine, et par une série de huit voiles brodés en laine ; la Dalmatie, par quatre chemises de paysannes de Pajo, — dont la partie supérieure, ouvrée à point coupé, révèle l'influence vénitienne jadis puissante dans cette contrée, — et par un voile de tête. De Bohême viennent : 1° un grand voile de paysanne brodé d'or et de soie ; 2° deux bonnets de femmes brodés au piqué; 3° un bonnet d'or du pays d'Eger, et 4°, enfin, une dizaine de garnitures de manches, qui sont également du pays d'Eger. De Moravie viennent deux grands voiles qui sont employés dans certaines cérémonies ; deux bonnets de femme ; un essuie-main brodé ; sept collerettes brodées de soie, garnies, presque toutes, de dentelles; quatre voiles de fiancée, brodés de soie et garnis de dentelles ; des garnitures brodées de voiles de fiancées et des entre-deux de grands voiles brodés de soie et à jour. Du pays de Kostow, enfin, au sud-est de la province de Galicie, vient un costume de paysanne ruthène monté sur mannequin, et qui se compose d'une chemise brodée aux épaules, d'un tablier, d'une casaque fourrée avec application de cuir, d'un quadruple collier de galets, de bas de laine et de sandales de cuir.

Il convient de remarquer encore un costume de paysanne roumaine de la Bukhovine, monté sur mannequin, exposé par MM. J. Janowiez et le docteur J. de Zotta à Czernovitz, et cinq bonnets d'or des pays alpins d'Autriche, exposés par M. Joseph Salzer de Vienne.

Musée commercial de Vienne.

Le Musée commercial de Vienne est représenté à l'Exposition des Arts de la Femme par un très grand nombre d'objets qui concernent soit la Chine, soit les Indes, soit enfin la Birmanie et le royaume de Siam. Pour la Chine, ils consistent surtout en trois costumes féminins de soie brodée; mentionnons aussi des cols brodés, des souliers également brodés et cinq cartons renfermant des ornements en filigrane d'argent et en plumes d'oiseaux.

Comme spécimens d'objets de toilette féminine des Indes, le Musée commercial de Vienne expose trois cartons, renfermant divers ornements en argent et en métal. Il expose en outre, provenant de la même origine, deux bracelets en coquillage, des coquilles pour la confection d'ornements et un collier en argent.

Dans cette collection la Birmanie et le royaume de Siam sont représentés par des broderies.

Société hongroise des Arts décoratifs.

L'Association hongroise des Arts décoratifs, invitée par l'Union centrale à participer à l'Exposition des arts de la femme, s'est empressée d'accepter cette invitation, et, pour que sa participation fût plus complète et plus brillante, elle a formé un comité de soixante personnes, choisies parmi les membres des familles nobles du pays : Karolyi, Andrassy, Zichy, etc.

Elle a, en outre, intéressé au succès de son Exposition particulière plusieurs dames de l'aristocratie hongroise, notamment Mmes la comtesse Louis Karolyi, la comtesse Catherine Pezakevitch, la comtessse Irma Karolyi, la princesse Nicolas Palffy, etc.

Elle a pu, de la sorte, réunir une collection très complète d'œuvres artistiques qui occupent une notable partie de la salle XVI. Ce sont, entre autres, des chasubles brodées, des costumes de hongroises, des ornements de toilette féminine, dont l'énumération occuperait une place trop considérable pour qu'il fût possible de la faire ici.

Le Musée hongrois des Arts décoratifs de Budapesth s'est dessaisi, en faveur de l'Association qui les a jointes à son exposition particulière, des principales œuvres d'art de broderie et de tapisserie qu'il possède.

Collection du Dr Figdor, de Vienne (Autriche).

La collection du docteur Figdor se compose d'une cinquan-
taine d'objets destinés à des femmes ou fabriqués par elles, et
qui vont tous du xiv° au xvii° siècle. Ces objets sont de diverses sortes. C'est d'abord une tapisserie haute de 83 centimètres sur 1^m,07 de large et qui a été exécutée en Allemagne
au xv° siècle ; elle représente, au milieu d'un pré fleuri, une
jeune fille assise sur un âne et qui porte une hotte pleine de
volailles ; autour d'elle se trouvent plusieurs animaux ; elle
a, à la ceinture, une balance romaine ; on lit l'inscription suivante, que nous traduisons de l'allemand : « Je possède assez
de biens, mais ma conduite n'est pas irréprochable. »

Il s'y voit ensuite une grande poupée de 78 centimètres de
hauteur ; sa tête est en bois peint ; elle porte un costume de soie
vert et argent, brodé de couronnes et de fleurs de lis ; sa coiffe
est faite de la même étoffe ; c'est un ouvrage français de la première moitié du xvii° siècle.

De Suisse provient une longue bande brodée en soie sur ca-
nevas qui représente seize sujets de l'Ancien Testament : ce
travail est daté de 1604.

Plusieurs panneaux brodés : panneau votif, panneau pour
coussin, napperon de calice, sont sans origine précise. L'un
d'eux important par ses dimensions (1^m,90 sur 48 centimètres),
est brodé au petit point ; il représente la visite d'une noble dame
à ses amies.

De France a été apporté un manteau de cour en damas
rouge, garni de bandes verticales en toile brodée d'argent et
dont la bordure et le collet sont brodés de rinceaux en fil
d'or. Cet ouvrage date de la fin du xvi° siècle.

A remarquer encore divers objets de toilette, des chemises
de femmes et d'enfants, un tablier, des camisoles, des bas tricotés en or et en soie rose (xvi° siècle), des gants tricotés en
fil ou en soie, des cols, des bonnets, dont un en mousseline
blanche plissée brodée de soie noire provenant de Nuremberg
(1re moitié du xvi° siècle), des aumônières (l'une d'elles, tissée

en soie et or et portant de nombreux écussons, provient de la cathédrale de Verdun et date du xɪvᵉ siècle), des bourses, un nécessaire, la ceinture d'une sœur du tiers ordre de Saint-François, etc.

Cette collection comprend enfin un aiguillier de bronze en forme de losange. Sur chacune des deux plaquettes dont il se compose, des couples amoureux sont gravés au-dessous d'architectures gothiques. Les marges portent des inscriptions ; les mots suivants seulement sont lisibles : « Donne bonheur qui me porte. » Cet objet, d'origine française, date du xɪvᵉ siècle.

Musée industriel municipal de Léopol-Galicie.

Le Musée industriel de Lemberg expose deux fracs d'homme de la fin du xvɪɪɪᵉ siècle, comme modèles de broderies polonaises; deux broderies d'églises, l'une du xvɪɪɪᵉ et l'autre du xvɪɪᵉ siècle ; un bonnet de femme noble, un bonnet de bourgeoise polonaise et un bonnet de bourgeoise ruthène, tous trois appartenant au siècle dernier; deux tapis de drap, une dizaine de cartons, des modèles de broderies ruthènes, deux chemises de femmes également ruthènes, et enfin les armoiries du roi Jean Sobieski et de sa femme, Marie Casimir d'Arquien, travail polonais du xvɪɪᵉ siècle. Ces diverses pièces se caractérisent par leur dessin ainsi que par l'exécution des broderies dont elles sont décorées.

Collection de M. Léon Dru.

M. Léon Dru a envoyé à l'Exposition des arts de la femme un certain nombre d'objets qui font partie de sa collection. C'est d'abord une série de 35 coiffures russes (kakoschnik) ; ce sont, ensuite, deux jupes, également russes, et deux robes; l'une de celles-ci est rayée et tissée d'or, l'autre est en soie verte, ornée de dentelle d'or. Dans cette collection figurent en outre une calotte persane, un gilet de velours vert soutaché d'or, deux corsages, l'un provenant de Russie, l'autre du Caucase, deux garnitures de hauts de jupes (russes), plusieurs cein-

tures de soie, une série de voiles tissés d'or et de morceaux
divers de tissus russes. Il s'y trouve, enfin, une pèlerine en
brocart d'or décorée de fleurs.

Collection de M. Guillemin.

Cette collection, qui occupe la vitrine voisine de la collection
de M. Léon Dru, se rapporte exclusivement aux costumes et
aux bijoux orientaux. On y remarque notamment des vêtements féminins ornés de broderies, des bracelets, des colliers,
des agrafes, des ceintures, des boucles d'oreilles, etc.

Pavillon du Comité pour la propagation des broderies populaires, à Prague.

Ce Comité, composé de dames tchèques et d'artistes, s'est
constitué à Prague, vers 1886, sur l'initiative de la Société
artistique *Umelecka Beseda*, afin de répandre et de mieux faire
apprécier les broderies populaires des paysannes tchécoslaves.

Pour atteindre ce but, le Comité organise des expositions
où ces anciens modèles sont groupés, selon les contrées de
provenance, à côté de travaux modernes. Grâce à la libé-
ralité de la municipalité de Prague, le Comité a déjà pu fonder
une assez riche collection d'anciennes broderies populaires.
Cette collection, continuellement augmentée, est spécialement
destinée à l'usage des écoles municipales de jeunes filles.

Le public féminin en Bohême montre, depuis quelque temps,
un vif intérêt pour ces travaux populaires et bien nationaux.

La tradition de ces ornements populaires a été conservée
par des paysannes illettrées, qui font souvent preuve de beaucoup de goût et d'une grande adresse à tracer à main levée ces
charmants ornements, soit sur l'étoffe, soit sur des meubles ou
sur les murs de leurs chaumières, qu'elles ornent à chaque
renouveau de peintures fraîches.

Il existe en Bohême et en Moravie déjà beaucoup de collections privées de ces broderies populaires. Le musée industriel
de M. Náprsten, à Prague, en possède une des plus riches et

de plus ancienne date, ainsi que le musée d'Olomúc, en Moravie; le nouveau Musée national de Prague est en train d'installer toute une salle exclusivement consacrée à l'art décoratif national des paysans de Bohême.

Les travaux modernes exposés dans deux des six vitrines de l'Exposition de la Société, ont été exécutés par les élèves des écoles municipales de jeunes filles de Prague, et peuvent servir à montrer que les efforts du Comité exposant ont déjà obtenu quelques résultats.

SALLE XVII

Histoire du costume (Estampes, dessins, sculptures).

Grâce au concours de MM. le marquis de Biencourt, Nuitter, Beraldi, Maciet, Viger, Lacroix, Krafft, Calloz, l'Exposition des Arts de la Femme a pu réunir dans cette salle, au moyen de gravures, de dessins et de photographies la série à peu près complète des transformations successives du costume féminin depuis l'antiquité jusqu'à nos jours.

Les vitrines qui occupent le centre de cette salle sont au nombre de six. La première renferme une série de porcelaines de Saxe qui proviennent des collections de Mmes Vve Flandin, J. Wœrnitz, Maciet, MM. Paul Gasnault, Stettiner, Paul de la Brunière; nous trouvons, dans cette même vitrine, plusieurs spécimens de statuettes en bois du moyen âge, appartenant aux collections de MM. Corroyer, Picard, et de l'Union centrale des Arts décoratifs.

La vitrine n° 2 est consacrée à la collection de M. et de Mme Desmottes, collection composée de divers objets en bois sculpté. — La vitrine n° 3 représente le costume féminin aux 3e et 4e siècles avant Jésus-Christ. Une série de statuettes de Tanagra appartenant à la collection Camille Lécuyer y sont exposées; — La vitrine n° 4 renferme également de nombreuses statuettes de Tanagra qui proviennent des collections de MM. Rollin, Feuardent et Bucquet. On y remarque en

LA PARISIENNE DU SIÈCLE

Le Grand Prix de Paris

par Pellpol.

outre diverses œuvres d'art antique appartenant aux mêmes collectionneurs, ainsi qu'à MM. Léon Bach et J. Maciet.

Les vitrines nos 5 et 6 contiennent les médailles prêtées par MM. G. Dreyfus et Wasset.

SALLE XIX

Les arts de la femme en Chine et au Japon.

La salle XIX est consacrée surtout à la Chine et au Japon. Il suffira de dire, sans donner ici l'énumération exacte des vitrines qui la garnissent, qu'elle renferme les collections de MM. Bing, Gillot, Gaïda, Brenot et Vapereau.

La grande vitrine carrée du centre contient quatre somptueuses robes japonaises de cour, brodées en soie et datant du 16e et du 17e siècles (collection Gillot). Dans une vitrine à gauche figurent divers vêtements et bijoux appartenant au prince Henri d'Orléans et rapportés par lui du Thibet ; — la vitrine murale du fond renferme la collection de M. Charles Vapereau. On y remarque une coiffure de cérémonie de femme chinoise, coiffure qui a été confectionnée au moyen de plumes de martin-pêcheur.

Les murs de cette salle sont tendus de kakémonos et de paravents brodés ou peints.

SALLE XXI

Section des colonies françaises.

Une section coloniale a été formée à l'Exposition des arts de la femme par les soins de l'Exposition permanente des colonies, Palais de l'Industrie, porte XII (cette Exposition est en communication directe avec celle des arts de la femme).

La plupart des objets qui figurent dans cette salle ont été fabriqués par des femmes des colonies. Le costume féminin y est représenté par des modèles confectionnés avec des étoffes coloniales, aux colonies elles-mêmes. On y remarque notamment les objets suivants : tapis de soie et de satin, brodés au plumetis, soutachés de cordonnets et d'or, des incrustations, des laqués, des porcelaines provenant d'Indo-Chine, des étoffes brochées, des bijoux, des tapisseries, des boîtes sculptées en sandal et en bois de « bith », des statuettes, des costumes populaires de la femme, provenant de l'Inde. De la Réunion, de Mayotte, de Nossi-Bé, de Sainte-Marie-de-Madagascar, de Diégo-Suarez, viennent des chapeaux, des corbeilles à ouvrage en paillé de « chouchou » et de latanier. De la Nouvelle-Calédonie et de Tahiti viennent des chapeaux, des couronnes de « pix », des colliers en cauris et en cyprées, des étoffes en écorces d'arbre à pain, etc.; d'Obock, des ouvrages en cuir, perles et cauris, des bijoux de bronze ; de Saint-Pierre-et-Miquelon, des filets ; de la Martinique, des travaux de couture, des vases décoratifs en racines de fougères, des fruits des Antilles en cire ; de la Guadeloupe, des spécimens de la flore (aquarelles); de la Guyane, des oiseaux pour parure, des poteries et des paniers caraïbes ; du Sénégal, de la Guinée, du Congo, des étoffes, des tapis maures, des pagnes, etc.

SALLE XXIII

Société des traditions populaires.

Les exposants de cette salle, groupés par la Société des Traditions populaires, sont : MM. Ollivier Beauregard, V. Bogisic, Lionel Bonnemère, Alphonse Certeux, Mᵐᵉ Destriché, MM. F. Dragomanoff, G. Fouju, Adolphe Guillon, Alfred Harou, Mˡˡᵉ H. Heinecke, MM. Giuseppe Pitre, Charles Rabot, E. Muntz, Félix Régamey, Paul Sébillot, T. Volkov. H. Zinciem Wissendorff, Michel de Zmigrodzki et le Musée de Nantes.

L'Exposition de la Société des Traditions populaires, dont le secrétariat est rue de l'Odéon, n° 4, à Paris, se divise en cinq parties.

La première partie est relative aux costumes féminins particuliers à diverses contrées : ce sont d'abord les bonnets et les coiffes de Bretagne, de Bourgogne, de Suisse, d'Islande, de Turquie, etc. Ce sont ensuite les robes, les souliers et les sabots, les rubans, et notamment les rubans allemands que les nourrices offrent aux enfants, — les étoffes bretonnes, bulgares ou russes ; ce sont enfin des dessins ou des photographies représentant des costumes et des coiffures.

Dans la seconde partie se trouvent les bijoux et les ustensiles de toilette. On y remarque spécialement des bracelets amulétiques, des bagues, — bagues de fiançailles, de mariage, de souvenir, — des broches et des fibules de la Bretagne, du Poitou, de la Suisse, de la Kabylie, des chapelets russes et bretons, des colliers en coquillages, des colliers amulettes, un collier de pèlerinage en pain provenant de la Belgique, des colliers à emblèmes, des croix, des épingles, des éventails, des pendants d'oreilles, d'anciens ornements de coiffures de mariées, des miroirs, etc.

Viennent ensuite les objets du ménage et des métiers. Entre autres choses, il s'y trouve des affiquets pour les aiguilles à tricoter, des rouets anciens, des étuis, des assiettes de mariage provenant de l'Anjou, des tabatières de femmes, en faïence, et des écuelles d'accouchées.

Dans une quatrième partie sont exposés les jouets, et parmi eux figurent de petits berceaux, des armoires à glace et des trompes en bois provenant de Belgique, des poupées en chiffons qui sont originaires du Maine ou de la Champagne, un jouet en bois de la Haute-Italie représentant une femme qui pouponne ; divers objets en papier plié y figurent également, ainsi que des animaux en bois des environs de Rennes, et des poupées en papier ; on y remarque encore des poteries rustiques fabriquées par des femmes pour leurs enfants.

Enfin une cinquième et dernière partie contient les imprimés et les revues où se trouvent des gravures reproduisant des cérémonies et des costumes féminins.

SALLE XXV

*Broderies anciennes, — Meubles ayant appartenu à des femmes
célèbres. — Modes féminines.*

Les vitrines n°s 1, 2 et 3 renferment des broderies. La première contient les broderies de la collection de MM. Lamy et
Giraud ; la seconde, celles de la collection de MM. Chatel et
V. Tassinari ; la troisième, celles de la collection de Mme Leroudier.

Au centre de cette salle, sous un dais, se trouvent exposés
trois meubles en bois sculpté ayant appartenu à la reine Marie-
Antoinette. Ce sont une bergère, un lit de repos ou canapé et
un écran. Ces objets font partie aujourd'hui de la collection de
M. le marquis de Casaux.

Les murs sont décorés de gravures de modes prêtées par
M. Porquet. En face des meubles de Marie-Antoinette est ten-
due une vaste tapisserie au bas de laquelle on lit l'inscription
suivante : « Tapisserie faite par S. M. Marie-Antoinette, reine
de France, et Mme Elisabeth, pendant les deux dernières années
de leur vie. » Cette tapisserie appartient à M. le comte de
Reiset.

———

SALLE XXVI

La mode au xviiie siècle.

Le musée Grévin a apporté son tribut à l'Exposition des Arts
de la Femme, par la reproduction plastique d'une des œuvres
les plus charmantes de Moreau le jeune, « les Délices de la
maternité. »

C'est un des documents du xviii⁰ siècle qui personnifient le
mieux la grâce exquise de la femme, à cette époque où l'*Ency-
clopédie*, le *Contrat social* et l'*Emile* viennent de jeter dans la
société française le levain de la Révolution.

Déjà les mœurs se transforment. Toutes les mères veulent
être nourrices. Il n'est pas une grande dame qui ne revendique
ce premier devoir de la maternité. Cet heureux retour à la
nature est célébré d'une manière impérissable par l'estampe de
Moreau, dont se sont inspirés les artistes du musée Grévin. Le
décor est de M. Jambon.

Salon du xix⁰ *siècle.*

A l'heure du thé, c'est-à-dire vers 5 heures de l'après-
midi, quelques dames sont réunies dans un salon de la riche
bourgeoisie de notre époque. Elles portent des vêtements à la
dernière mode. L'une a une robe d'intérieur en brocard gly-
cine et en vieilles dentelles garnie de fourrure ; l'autre porte
une robe empire en crêpe de Chine blanc orné d'une guipure
Renaissance ; une troisième est vêtue d'une robe de visite en
brillantine de Suède avec le corselet de broderie vénitienne ;
une quatrième a une robe en velours rubis garnie d'applications
et de fourrure ; une cinquième, enfin, porte un manteau en
velours miroir ombré vieux bleu orné d'une broderie orien-
tale ancienne. Ces costumes ont été exécutés par la maison
Sarah Mayer et A. Morhange, avec la collaboration de M. Ancelot pour les dentelles ; les mannequins et les figures de cire
sont de M. Crouillebois et les coiffures de M. Auguste Petit.
Quant au mobilier, qui est de style Louis XVI, il sort des
ateliers de M. Jansen. L'orfèvrerie et les bronzes d'ameublement, la céramique et les émaux ont été fournis par MM. Chris-
tophle et Cⁱᵉ, Gagneau, Clément Massier, Delaherche et Soyer.

SALLE XXVII

Broderies anciennes. — Modes féminines.

Les quatre vitrines de la salle XXVII renferment des broderies ; dans la vitrine n° 1 on remarque une ¦chape et ¦une
chasuble brodées au crochet par la reine Marie-Thérèse. La
chape est signée M. T., 1773. Ces objets font partie des collections du musée hongrois des Arts décoratifs de Budapesth.

Dans les vitrines n°ˢ 2 et 3 se trouvent les broderies de la
collection de M. de Farcy, d'Angers. Dans la vitrine n° 4 se
trouvent celles de la collection de M. J. Jay. Parmi ces dernières, figure une bannière du xvıᵉ siècle brodée en argent. On
remarque encore dans cette vitrine, divers objets de toilette
féminine, tels que ceintures, épingles, agrafes, corsages, fou-
lards et bonnets.

Sur les murs, on voit la suite de la série des gravures de
modes féminines prêtées par M. Porquet.

SALLE XXIX

Dentelles anciennes, — Broderies anciennes, — Modes féminines

Les pièces anciennes qui occupent les vitrines n°ˢ 1, 2, 3
et 4 proviennent du musée hongrois des Arts décoratifs de
Budapesth. Ce sont exclusivement des chasubles, des chapes et
des dalmatiques. Nous remarquons notamment : dans la vitrine n° 1, plusieurs curieux spécimens de broderie hongroise
du xvᵉ et du xvıııᵉ siècles, une grande chape en velours bleu
avec bouquets d'épis, datée de 1448, et une autre chape brodée

en soie et or (xviie siècle); — dans la vitrine n° 2, une chape
dont le fond est brodé en argent et qui est décorée de fleurs
en soie et en or; — dans la vitrine n° 3 un spécimen de travail
florentin (commencement du xve siècle), ainsi que diverses broderies allemandes et hongroises; — dans la vitrine n° 4, enfin,
une couverture en damas crème, brodée de soie et d'or (xviiie siècle). La vitrine n° 5 renferme les dentelles et les b oderies des
collections de Mmes Ve Flandin, Sidonie de Szabo, Caroline
Ocampo, Goffart, MM. Ch. Chauvet, A. Unger et L. de
Farcy. La partie supérieure de cette vitrine est consacrée à
l'exposition des éventails anciens de Mme Joly.

Dans l'angle droit de la salle XXIX on remarque un prie-
dieu brodé appartenant à M. J. Jay.

Les murs de cette salle sont ornés au moyen des gravures de
modes féminines de la collection de M. Porquet.

SALLE XXX

Histoire de la coiffure.

La direction de l'Exposition des Arts de la Femme a eu
l'idée de présenter parallèlement à l'histoire du costume féminin une reconstitution aussi pittoresque et fidèle que possible
de la coiffure féminine depuis l'antiquité jusqu'à nos jours.
Elle s'est, dans ce but, adressée aux artistes coiffeurs de Paris,
qui se sont immédiatement associés à ce projet et qui ont
constitué un comité spécial, ayant à sa tête MM. Auguste
Petit, président; Dondel, Garand, Mallemont, Loisel, Perrin,
Bataille et Dupont.

Ce comité, après avoir recueilli l'adhésion de trente-six des
principaux coiffeurs de Paris, s'est empressé de réaliser le programme qui lui avait été indiqué. Il a choisi, dans l'histoire
des modes, un certain nombre d'époques nettement déterminées. Puis le sort a réparti, entre chacun de ses membres,
les coiffures que ceux-ci auraient à exécuter, en se conformant
aux documents authentiques.

Une collection de soixante-six bustes a été composée de la sorte. Les artistes coiffeurs qui ont participé à cette reconstitution de la coiffure féminine sont : MM. Anestay, Bataille, Boyer, Brun, Cauchois, Chaplain, Camille Croisat et Venet, Deydier, Dondel, Francis Dupont, Dupont du Havre, César Gaissad, Gangois, Garand frères, Gourre, Léon Lamouroux, Loisel et fils aîné, Julien Longuère, Alfred Mallemont, Maréchal, Joseph Mariller, Meynard, Gaston Museux, Narbaud, Ollivier, Pascaud, Paupis, Perrin et Clémentel-Philippe, Auguste Petit, Quéroix, Rey, Ribérat, Tabel, Emile Terrier, Tortel, Triboulot et Philippe Vervliet.

Parmi les bustes exposés, six sont consacrés à l'antiquité, trois au moyen âge, cinq à la seconde moitié du xvıᵉ siècle ou au commencement du xvııᵉ siècle (Henri II, Henri III, Henri IV), cinq au règne de Louis XIII, trois au règne de Louis XIV, neuf au règne de Louis XVI, dix à la période qui s'étend de la Révolution française jusqu'au Consulat, trois au premier empire, cinq aux modes de 1830 et deux, enfin, au second empire.

Les corsages de la plupart de ces bustes, exécutés également d'après des documents historiques, sont dus à la précieuse collaboration de quelques-unes des principales couturières parisiennes.

Au centre de la salle est un groupe pittoresque, représentant une élégante du xvıııᵉ siècle, sortant de sa chaise à porteurs. Le groupe, composé de trois figures, a été exécuté par M. Crouillebois, sur un dessin de M. Lanos. La toilette Pompadour de l'élégante est l'œuvre de Mᵐᵉ Lebouvier. Mᵐᵉ Meier a fourni les souliers. La chaise à porteurs provient de la collection Stettiner.

LA GALERIE EXTÉRIEURE

La galerie extérieure du Palais de l'Industrie a été décorée au moyen d'un grand nombre de tapisseries provenant de la manufacture des Gobelins et datant des xvıı° et xvıı° siècles.Ces tapisseries ont été prêtées par le Mobilier national à l'Exposition des Arts de la Femme.

A la cimaise, le long d'une partie de cette même galerie, se trouvent des gravures de modes qui proviennent des collections de l'Union centrale des arts decoratifs, de Mmes Charles Cosson et J. Mayer, de MM. Perrot, Metzman, Müntz, Nuitter, etc.

On y remarque également une série de gravures qui sont relatives aux arts et métiers de la femme, et qui sont exposées par M. Lucien Faucou. Sur la plate-forme de l'escalier de la maison Krieger, escalier qui mène de la nef — côté de la Concorde — au musée des Arts décoratifs, on remarque plusieurs précieuses statuettes qui ont été obligeamment prêtées par de généreux collectionneurs. Ces exquises œuvres d'art sont au nombre de six. Ce sont deux statuettes en ivoire : « Gallia » et « la Sorcière », du sculpteur Moreau-Vauthier. La « Gallia » appartient à M. Falize, « la Sorcière » à M. Corroyer; à M. Corroyer également appartient une statuette en argent, fondue à la cire perdue, et représentant l' « Archéologie ». Cette œuvre est de M. Cordonnier. « La Fortune », statuette en argent, propriété de M Georges Berger, est du regretté sculpteur Delaplanche. De M. Barrias est « la Bacchante », statuette en argent, fondue à la cire perdue et prêtée par M. Corroyer. A Aimé Millet, enfin, est due la statuette en argent, intitulée « Architecture », provenant du même amateur.

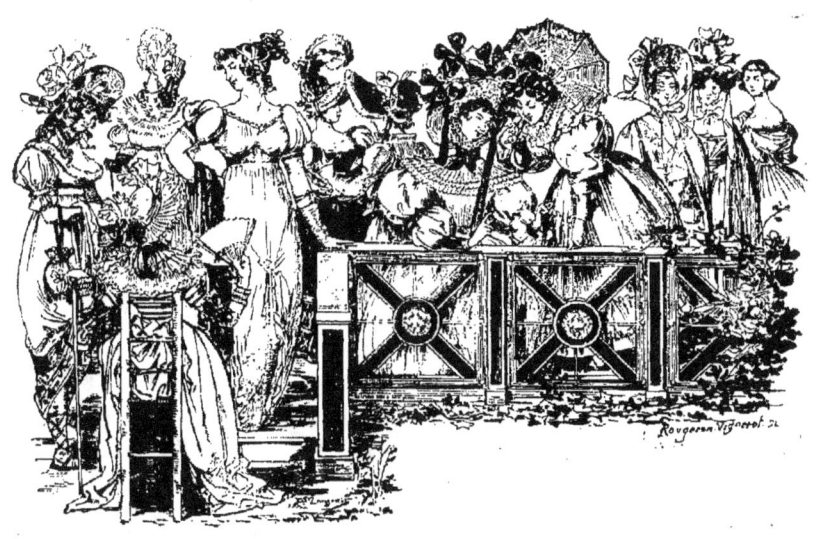

LA PARISIENNE DU SIÈCLE

DIORAMAS EXÉCUTÉS PAR M. POILPOT

1790. — Le bal de la Bastille.

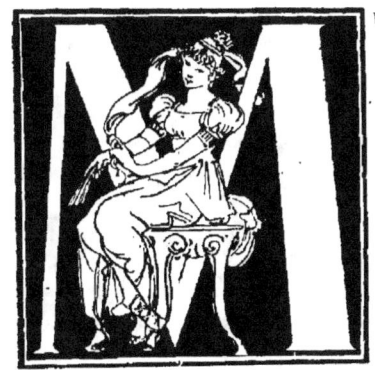

ETTRE sur l'emplacement où s'érigeait, l'an précédent encore, la masse sombre de la Bastille, un bal en plein air devenu le rendez-vous du peuple et de la bourgeoisie, était une idée originale. Le peintre la réalisa habilement.

Le décor, qui figure un jardin, a été emprunté à l'un des théâtres de Paris. Un orchestre, quoique peu nombreux, fait rage sur une estrade dont les montants sont peints aux couleurs tricolores. Les modes sont relativement simples. Suivant une expression du *Cabinet des Modes*, les mœurs, dès 1790, s'épurent et le luxe tombe. Les femmes se coiffent avec le bonnet qui portera plus tard le nom de Charlotte Corday. Souvent elles restent tête nue et se coiffent à la grecque. A gauche, une jeune femme, que son cavalier entraîne vers la danse, a le bonnet blanc, orné sur l'oreille d'une cocarde tricolore. La robe de toile, ornée de petites fleurs imprimées, vient des célèbres fabriques de Jouy-en-Josas, fondées par le grand industriel Oberkampf. Plus loin, une femme, en toilette jaune, inaugure la longue redingote qui sera en si universelle faveur quelques années plus tard. L'une des danseuses qui prend part à la ronde est coiffée d'un énorme chapeau surchargé de rubans et de plumes. Il n'était pas rare alors de voir des coiffures plus monumentales encore. On porta même des bonnets sur lesquels une grosse Bastille était juchée. Les femmes du peuple portent des toilettes moins ambitieuses. Elles ont en général un petit fichu de toile, croisé devant la poitrine, et dont les extrémités se nouent derrière, à la taille. Les bourgeois portent l'habit Louis XVI, la culotte courte en soie, la petite perruque poudrée et le tricorne. Celui qui parle, au premier plan, à l'une des jolies personnalités galantes de l'époque offre le spécimen des modes masculines. Quant à cette jeune femme, elle a le grand chapeau de paille du temps, chargé de plumes: sa toilette rouge est fort modeste : les manches courtes, le col légèrement échancré, une écharpe jetée sur les épaules, le corsage un peu vague à la taille. A droite, une querelle a éclaté entre deux femmes du peuple, qu'un vénérable personnage s'efforce de réconcilier.

II

1798.. — Une soirée chez Barras.

Dans un salon du Petit-Luxembourg, qui fait aujourd'hui partie des appartements occupés par M. Le Royer, président du Sénat, le directeur Barras reçoit avec son urbanité accoutumée ses nombreux invités. A gauche, le jeune Bonaparte, qui revient d'Italie, est entouré par La Reveillère-Lepeaux, Merlin (de Douai), François de Neufchâteau et Rewbell. La tenue simple du célèbre général contraste avec la mise somptueuse des directeurs dont la courte tunique rappelle les Romains et dont le vaste chapeau chargé de plumes évoque le souvenir des mousquetaires.

Au fond, devant la cheminée, un trio de chanteurs, où on remarque Garrat, se fait entendre. En face, assise sur un canapé et à moitié renversée en arrière, Joséphine de Beauharnais parle à un vieux personnage. Elle porte la robe très décolletée et serrée sous les bras. Une écharpe est jetée négligemment sur ses épaules. Elle est, de même que la plupart des dames réunies dans ce salon, coiffée à l'antique. Un hussard et une dame en costume de l'époque se montrent de dos au premier plan. Cette dernière porte la robe à la mode, qu'on appelait « robe à longue taille ».

III

1816. — Les galeries de bois du Palais-Royal.

Ces galeries de bois du Palais-Royal furent longtemps le rendez-vous de tous les promeneurs et de tous les badauds. La reconstitution qu'en a faite M. Poilpot les montre telles qu'elles étaient en 1816, avec leur public habituel. A gauche se trouve la librairie Dentu, devant laquelle stationnent quelques oisifs. Une marchande de plaisir passe en agitant sa planchette. Les élégants portent l'habit à pans, la culotte courte, le chapeau castor de haute forme. Les bourgeoises sont coiffées d'un grand chapeau dont le fond est très proéminent et dont les ailes s'avancent au-dessus de leur visage, de sorte qu'elles ont l'air d'être enfouies sous un large auvent. Ces chapeaux sont chargés de plumes et de rubans. Elles portent des robes garnies de rouleaux de velours. Une famille provinciale occupe le centre de la scène. Le père règle sa montre sur le fameux cadran du Palais-Royal. Ses sept fillettes, vêtues de robes uniformes rouges, serrées sous les bras, sont encapuchonnées dans leurs chapeaux. La mère a, elle aussi, le chapeau haut chargé de rubans. Sa robe est ornée de remplis de dentelle.

Deux militaires stationnent devant la boutique de Polantru

Curtet, tabletier. Une jeune modiste en cheveux porte son carton sous le bras.

Un groupe de badauds se pressent autour du barnum qui célèbre la femme à barbe. Une femme galante passe, souriante ; sa chevelure est ornée de plumes ; elle est vêtue d'une robe décolletée de teinte verte, décorée de rubans roses et d'une ruche. Aux épaules, un bouillonné remplace les manches d'où sortent ses bras nus.

Tout ce monde va et vient; cependant que les élégants, aux culottes courtes et aux habits à la française, avec leurs bottes garnies d'éperons et leurs chapeaux castor, semblent, dans leur éternel désœuvrement, ne pouvoir s'occuper que de l'effet qu'ils produisent.

IV

1825. — Le boulevard de Gand.

Sur le boulevard de Gand, devant le café de Paris, à proximité des rues qui portent aujourd'hui les noms de rue Taitbout et de rue Laffitte, une foule nombreuse circule par une belle journée de printemps. Sur la chaussée passe pesamment un omnibus blanc, suivi d'une lourde et monumentale calèche. Un tilbury, en sens inverse, file avec rapidité. A droite, sur son grand cheval, un carabinier s'éloigne au pas. Un marchand de coco, coiffé d'un énorme bicorne, vante d'une voie aiguë sa machandise. Une nourrice est assise sur un banc. Des gandins se promènent, en habits à pans, boutonnés sur la poitrine. Une grosse cravate s'épanouit sous leur menton. Ils portent des pantalons très clairs en coton à raies satinées maintenus par des sous-pieds et des chapeaux castor. Deux dames élégantes, coiffées de grands chapeaux de paille ornés de plumes ou de rubans se promènent lentement. Des écharpes de barèges sont jetées, non sans une négligence voulue, sur leurs épaules délicates. L'une d'elles porte, en outre, une sorte de pèlerine de toile ; un ridicule pend à son bras gauche. C'est l'époque de l'organdy garni de rouleaux de velours ou de crevés de soie. On porte aussi le chapeau de bois blanc et la pointe de blonde. Un officier de la garde royale montre son riche

costume. A gauche, au premier plan, deux dames se serrent la
main ; l'une d'elles est accompagnée d'une petite fille qui tient
précieusement à la main son cerceau ; sous la jupe courte et
bouffante de cette enfant des pantalons descendent presque
jusqu'à la cheville. Ainsi le veut le goût du moment.

Une modiste est coiffée d'un petit bonnet attaché par un ru-
ban rose au-dessous de son chignon. Des dames et des mes-
sieurs assis sur les chaises de paille qui garnissent les trottoirs
du boulevard causent tranquillement, au milieu du va-et-vient
continuel des passants.

V

1840. -- La fête de Saint-Cloud.

Au fond se dressent les étages successifs de la merveilleuse
cascade de Saint-Cloud. A gauche et à droite, les ombrages
profonds du parc se profilent à l'infini. La silhouette du château
émerge des arbres.

La fête de Saint-Cloud « bat », comme on dit, « son plein. »
Il y règne la plus joyeuse animation. Ici, le Théâtre olym-
pique donne en représentation un « mimodrame » en trois
actes, *Abd-el-Kader*, pièce d'actualité qui obtient un vif succès
auprès des bourgeois et des militaires. Des baraques foraines
sont disséminées un peu partout. Une modeste loterie de vais-
selle s'érige au premier plan, avec son unique roue horizon-
tale, surchargée de plats, de tasses et d'assiettes; plus loin un
marchand de macarons a édifié sa boutique ; des chevaux de
bois tournent horizontalement, tandis que le frêle squelette
d'une balançoire rotative tourne verticalement. Au centre, le
duc d'Orléans, d'après le tableau d'Ingres, et sa famille, qui
visitent la fête, s'arrêtent un moment, au milieu des acclamations de la foule. Le prince porte la redingote longue, serrée à
la taille.

A gauche, un étudiant de Gavarni fait mouvoir sa crécelle,
tandis que sa maîtresse chantonne dans un mirliton. Un groupe
de dames et d'enfants contemplent la famille royale. Un petit
garçon porte la redingote et les pantalons longs. Sa jeune sœur
a une jupe bouffante sous laquelle, de même que précédemment,
descendent jusqu'aux chevilles des pantalons garnis de den-

telles, en toile blanche cette fois. Derrière les enfants, une dame porte sur ses épaules un châle cachemire jaune ; sa robe rose est ornée de volants. La duchesse d'Orléans a une douillette en soie garnie de fourrure. Elle s'abrite du soleil sous une ombrelle. Elle est coiffée, ainsi que la plupart des femmes, d'une petite capote retenue par des brides sous le menton.

VI

1859. — Le retour des troupes d'Italie.

La scène est au coin du faubourg Montmartre et des grands boulevards. Les troupes reviennent d'Italie. Le restaurant Brébant, à gauche, a été envahi par une foule de curieux. De toutes les fenêtres des visages émergent et se tendent en avant pour mieux voir. Sur le trottoir des industriels ont improvisé des échafaudages où, moyennant quelques sous, ils offrent l'hospitalité aux spectateurs qui n'ont pu se placer aux fenêtres. Ces échafaudages sont tout simplement, d'ailleurs, des échelles. Une femme vend des médailles aux couleurs nationales.

Aussitôt que les premiers rangs de l'armée apparaissent, des acclamations partent de toutes les poitrines. On applaudit surtout les zouaves et le maréchal Canrobert à cheval à la tête des troupes. Les boulevards sont entièrement pavoisés. L'enthousiasme est général. Les gardes nationaux font la haie.

La crinoline a été récemment imaginée. Elle donne aux femmes une ampleur extraordinaire. Par-dessus leurs robes elles portent parfois une longue douillette de soie à manches larges. Elles sont coiffées de la petite capote à brides, nouées sous le menton. Les jupes, surtout celles des fillettes, sont garnies de volants. Les hommes sont vêtus de la redingote, qu'ils laissent flotter ou dont ils ne boutonnent que la partie supérieure.

VII

1867. — Le grand prix de Paris.

Les courses de Longchamps ont, par cette superbe journée de printemps, attiré une foule énorme de promeneurs et de curieux. C'est, pour les Parisiennes, l'occasion habituelle de se montrer en fraîches et charmantes toilettes. Elles affectionnent maintenant leur large crinoline sur laquelle descendent une jupe droite et une tunique dont les festons sont attachés au moyen de nœuds de rubans. Elles sont coiffées d'un chapeau plat ou en forme de toque ronde, orné d'une petite touffe de plumes ou de fleurs.

Cependant, sur la pelouse, l'animation est considérable. La foule acclame les chevaux au départ. En face se dressent les tribunes de Longchamps qui, jusqu'au faîte, sont chargées de spectateurs. Dans le fond on aperçoit le mont Valérien. A droite s'élève l'installation de l'office de paris Chéron, qui fut si célèbre pendant l'Empire. A droite également, mais au premier plan, on remarque l'installation plus modeste d'une poule. Çà et là des sportsmen, en veston court, coiffés du chapeau de paille ; à gauche, une célébrité du demi-monde met, derrière son ombrelle, son délicat visage à l'abri des ardeurs du soleil. Une bouquetière offre des fleurs à un groupe de curieux. Plus loin se dessine la silhouette d'un landau élégant. Autre part c'est un break, où des dames se sont juchées pour mieux voir les péripéties de la course. A droite on remarque, sanglé dans son bel uniforme, un officier des dragons de l'impératrice.

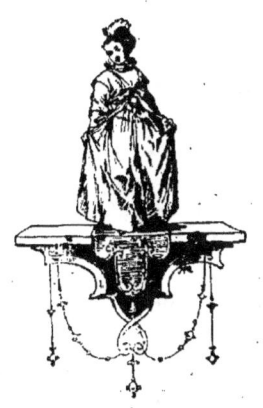

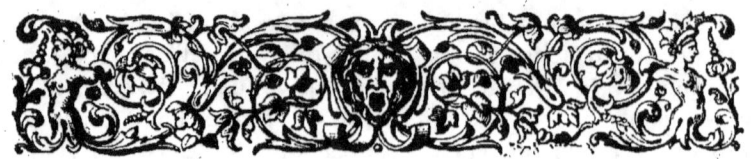

Union centrale des Arts décoratifs

SERVICES DE LA SOCIÉTÉ

Musée des arts décoratifs.

Une porte spéciale conduit les visiteurs de l'Exposition des arts de la femme dans le Musée des arts décoratifs. Il suffira de rappeler que les collections de ce Musée — trop connu déjà pour que nous en parlions longuement ici — sont réparties en dix-sept salles et galeries dont voici l'énumération :

SALLE A. — Métal, Bronze, Orfèvrerie, Bijouterie, Diamanterie, etc.

SALLE B. — Céramique moderne, Grès, Faïences, Porcelaines, etc.

SALLE C. — Céramique ancienne, Grès, Faïences, Porcelaines, etc.

SALLE D. — Chine et Japon, Céramique, Tissus, Bronzes, etc.

SALLE E. — Orient, Céramique, Tissus, Bronzes, etc.

SALLE F. — Salle Audéoud. Collection léguée en 1889.

SALLE G. — Tissus, Soieries, Broderies, Dentelles, Costumes, etc.

SALLE H. — Mobilier et boiseries Louis XVI.

SALLE I. — Mobilier et boiseries Louis XIV et Louis XV.

SALLE J. — Mobilier et boiseries du moyen âge et de la Renaissance.

SALLE K. — Salon d'un hôtel Louis XVI, provenant de la rue du Puits-Gaillot, à Lyon. — Salons Louis XV.

Salle L. — Œuvres de M. Galland.
Salle M. — Peintures décoratives anciennes.
Salle N. — Œuvres d'art décoratif modernes.
Galerie O. — Galerie du mobilier, etc.
Salle P. — Meubles modernes.
Escaliers et Palier. — Collection de moulages.

Le Musée est ouvert gratuitement au public tous les jours, de 10 heures du matin à 4 heures du soir, du 1er octobre au 31 mars, et à 5 heures du soir, du 1er avril au 30 septembre.

La bibliothèque.

L'Union centrale des Arts décoratifs a pensé qu'il était utile de donner, dans une des salles de l'Exposition des arts de la femme, un résumé de sa riche bibliothèque, qui est installée place des Vosges, n° 3; cette bibliothèque comprend :

10,000 ouvrages se rapportant à toutes les branches de l'art, et principalement de l'art décoratif et des industries artistiques.

Une collection encyclopédique de 250,000 gravures et photographies : Architecture, Peinture, Sculpture, Décoration extérieure et intérieure, Mobilier, Orfèvrerie, Bijouterie, Ferronnerie, Bronzes, Armes, Tissus, Typographie, Céramique, Verrerie, Costumes, Animaux, Plantes, etc., etc.

Une collection de 90,000 dessins anciens et modernes d'Ameublement et d'Ebénisterie, d'Orfèvrerie, de Joaillerie, de Bijouterie et de Tapisserie, compositions pour Tissus, Soieries (du xviie au xixe siècle), Étoffes imprimées (xviiie et xixe siècles), etc.

Une collection de 260,000 échantillons de Soieries et de Velours (du xve au xixe siècle), de Toiles imprimées (xviiie et xixe siècles), de Broderies sur velours, sur soie et sur toile (du xve au xixe siècle) et de Tissus orientaux et japonais.

Enfin un recueil de modèles pour les papiers peints, anciens et modernes, de l'Europe et du Japon.

La bibliothèque est ouverte au public, gratuitement et sans

formalités, de 10 heures du matin à 5 heures du soir, et de 7 heures à 10 heures du soir.

La Bibliothèque est fermée les dimanches et jours de fête ainsi qu'au 1er janvier pendant trois jours, et à Pâques pendant onze jours, du jeudi précédant cette fête jusqu'au lundi de la semaine suivante.

Il est permis aux travailleurs de se servir du crayon tendre pour dessiner et calquer les documents mis à leur disposition.

Douze vues photographiques montrent, dans l'une des salles de l'Exposition, la disposition intérieure de la bibliothèque.

L'atelier de photographie.

L'atelier de photographie méritait, au même titre que sa bibliothèque et l'atelier de moulage, d'être représenté à l'Exposition. Il est appelé, d'ailleurs, à servir les mêmes intérêts artistiques que les précédents services.

L'Union centrale a organisé cet atelier spécial de photographie pour la reproduction des œuvres d'art industriel de son Musée, des musées français et étrangers et des expositions rétrospectives et modernes.

Une collection de plus de 4,000 clichés est déjà formée ; elle comprend les séries suivantes : Orfèvrerie, Céramique, Ferronnerie, Mobilier, Etoffes, Sculpture, Art religieux (Exposition du Trocadéro, 1889; Exposition de Bruxelles, 1888), Dessins de décoration, d'ameublement, etc., etc.

Le catalogue des photographies est envoyé gratuitement aux directeurs d'écoles et de musées qui en font la demande à l'administration.

Les prix des photographies sont, suivant les formats : o fr. 5o, 1 fr., 1 fr. 5o et 2 fr.

Trente-deux panneaux renfermant deux cent cinquante photographies figurent à l'Exposition.

L'atelier de moulage.

Outre sa bibliothèque et ses collections, l'Union centrale des Arts décoratifs possède un atelier de moulage qui est installé à l'avenue de la Motte-Piquet, n° 57. Elle a pensé que, de même que pour sa bibliothèque, il convenait d'en exposer le caractère et l'utilité.

L'Union centrale des Arts décoratifs a fait exécuter, en effet, et met à la disposition des écoles, des fabricants, des artistes et du public environ 1,500 modèles en plâtre, choisis parmi les plus belles œuvres de l'art décoratif français.

Les principales séries reproduisent des panneaux, portes, lambris, etc., des châteaux de Versailles, Rambouillet, Trianon, Écouen, Anet, Blois, du Louvre, des Tuileries des hôtels Carnavalet, Soubise, Jacques-Cœur, etc.

Des collections spéciales ont été formées pour l'étude du dessin dans les écoles artistiques et professionnelles.

Le catalogue des moulages, en deux volumes, est envoyé gratuitement aux directeurs d'écoles et de musées qui en font la demande.

Huit vues photographiques montrent, à l'Exposition des arts de la femme, le travail technique auquel il est procédé à l'intérieur de l'atelier de moulage.

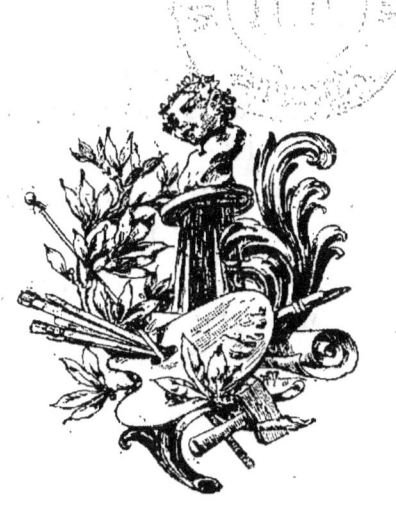

CONCERTS

La Direction de l'Exposition a organisé des concerts qui ont lieu tous les jours, dans la grande nef du Palais.

Le chef d'orchestre choisi pour diriger cette partie importante des attractions artistiques de l'Exposition est M. Mayeur, artiste de l'Opéra. Son orchestre, composé de quarante-cinq musiciens, donne des concerts symphoniques les lundis, mardis, mercredis et samedis.

Le vendredi est consacré exclusivement à un grand festival, pour lequel sont engagés spécialement des chanteurs et des cantatrices et trente choristes de l'Opéra et du Conservatoire national de musique.

Tous les jeudis, une musique militaire de la garnison de Paris se fait entendre dans le Palais.

Les dimanches, des sociétés musicales de Paris remplacent l'orchestre de M. Mayeur.

BUFFET-RESTAURANT

La concession du buffet-restaurant de l'Exposition a été accordée par la Société de l'Union centrale des Arts décoratifs à M. Ducarre, propriétaire du restaurant café-concert des Ambassadeurs.

Le restaurant est situé sous le grand escalier d'honneur qui conduit au Musée des Arts décoratifs.

Un buffet est installé en outre au centre de la nef, face à l'orchestre, et un bar dans la galerie des industries diverses.

Le prix des consommations de premier choix a été fixé comme suit :

Bock.	0 40
Café 40 c., avec cognac.	0 60
Thé	0 75
Liqueurs ordinaires.	0 50
Liqueurs fines	0 75
Vins de liqueurs	0 75
Grog ordinaire	0 50
Grog vin, américain, punch	0 75
Sirops	0 60
Demi-glace	1 »

ART NOTE PAPER

Papier à Lettre

ARTISTIQUE

Édité par Charles GILLOT

QUATRE COMPOSITIONS ORIGINALES
EN COULEURS

La Boîte 2 fr. 50

Envoi *franco* de quatre feuilles spécimen avec enveloppes sur demande affranchie contenant 15 centimes en timbres-poste, adressée à M. **Ch. GILLOT**, *Paris, 79, rue Madame.*

MONT-DORE-LES-BAINS

HOTEL CHABAURY Aîné

SARCIRON-RAINALDY, Propriétaire

Successeur de Mme Veuve Chabaury aîné

MAISON DE PREMIER ORDRE

La plus ancienne, la mieux située et fréquentée de la station

SALLE A MANGER DE 200 COUVERTS

RESTAURANT A LA CARTE

CHALETS, PAVILLONS, VILLAS

POUR FAMILLES

APPARTEMENTS RÉSERVÉS

Sans augmentation de prix

Ecrire à M. SARCIRON-RAINALDY, au Mont-Dore

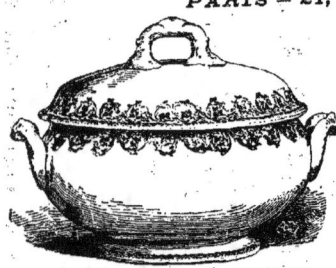
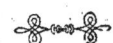
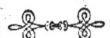

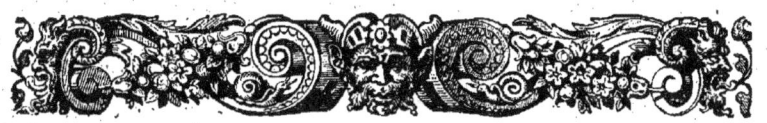

POUR PARAITRE LE 1ᴱᴿ OCTOBRE 1892

La Grande Dame

REVUE MONDAINE COSMOPOLITE

Publication Mensuelle

Directeur artistique	Rédacteur en chef
F.-G. DUMAS	Le Comte de MAUGNY

PARIS — LONDRES — SAINT-PÉTERSBOURG — MOSCOU — VIENNE
ROME — BERLIN — NEW-YORK
MADRID — BRUXELLES — LA HAYE — LISBONNE

Le recueil que nous créons sous le titre de *la Grande Dame* est destiné à montrer dans ses multiples manifestations et, pour ainsi parler, dans son fonctionnement contemporain l'élégance, cette qualité souveraine, difficilement analysable, qui ne peut être bien comprise qu'au moyen d'exemples saisis sur le vif.

Ces exemples, nous voulons les prendre d'après nature, par la plume et le dessin, à Saint-Pétersbourg comme à Paris, à Vienne comme à Londres ou à Rome.

Tenir nos lectrices au courant de ce qui se dit et se fait parmi les gens du monde, dans les cours souveraines de l'Europe ; les initier à l'étiquette internationale, mettre sous leurs yeux les événements, petits et grands, de la vie mondaine et artistique ; dire les modes, les fantaisies, les occupations des hautes régions sociales cosmopolites ; montrer les grandes dames dans leurs différents milieux, avec les contrastes de leur intellectualité, de leurs goûts, de leur vêtement et de leur mobilier : tel est le programme que nous avons adopté.

Pour le remplir, un fascicule de 64 pages, comprenant les rubriques suivantes, paraîtra le 1ᵉʳ de chaque mois :

Échos et nouvelles.	*La mode à Paris.*
Psychologie féminine.	*Les théâtres.*
Causerie parisienne.	*Chronique musicale.*
Lettres des grandes capitales.	*Silhouettes et esquisses.*
Notes d'art.	*Grandes résidences.*
Cérémonies de cour.	*Villégiature.*
Les sports.	*Variétés.*

Indépendamment des dessins qui illustreront les divers articles, chacun des numéros contiendra deux planches hors texte : un portrait de grande dame et une reproduction d'œuvre d'art ou d'art décoratif (meubles, bijoux, costumes, bibelots, etc.).

Exposition des Arts de la Femme

L'*Exposition des arts de la femme*, organisée
cette année par la Société de l'Union centrale
des Arts décoratifs, au Palais de l'Industrie,
va encore ajouter à l'intérêt de nos rubriques
habituelles un attrait exceptionnel, en nous
fournissant de précieux documents. Elle nous
montre la femme moderne dans son rôle
d'artiste, de ménagère élégante, sachant
embellir l'intimité de son foyer ; elle nous
apporte aussi avec sa section rétrospective,
consacrée aux mille objets qui, dans tous les
pays et tous les temps, ont été façonnés pour
les usages de la femme, des matériaux nouveaux,
des éléments de comparaison, en nous révélant
les chefs-d'œuvre enfouis dans les plus célèbres
collections d'amateurs.

Nous trouverons là de piquants et nombreux
motifs d'illustrations : costumes féminins,
histoire de la mode et de la coiffure, travaux
d'art féminins. Enfin, les dioramas (*la Parisienne du siècle*), commandés au peintre Poilpot
par les organisateurs de cette Exposition, nous
donneront les éléments de savoureuses planches
en couleurs.

La Grande Dame

COLLABORATEURS

Partie Littéraire

Paul Bourget, Alexandre Dumas, de l'Académie française
Albert Delpit, Étincelle, Louis Ganderax, Gyp, Paul Hervieu
Arsène Houssaye, Gaston Jollivet, Henri Lavedan
Pierre Loti, de l'Académie française, Philippe de Massa
Octave Uzanne, Imbert de St-Amand

Notes d'Art

S. Bing, Victor Champier, L. Falize, L. de Fourcaud
Gustave Geffroy, Marius Vachon

Peintres

P. Besnard, J.-E. Blanche, G. Busson, Raphaël Colin
Carolus Duran, L. Doucet, E. Duez, François Flameng,
E.-G. Goubie, Helleu, G. Jacquet, M. Leloir, J. Machard
Luc-Olivier Merson, O. de Penne, James Tissot, Jan Van Beers

Arts décoratifs

Cavaillé-Coll., J. Chéret, P. Cornillier, Habert-Dys, F. Fournery
A. Floquet, A. Giraldon, E. Grasset, G. Morand
A. Sandier, Carlos Schwabe

Administration & Rédaction :

12 — Rue Paul-Lelong — 12
PARIS

Pour tout ce qui concerne la rédaction, écrire

A M. le Comte de MAUGNY

Et pour l'Administration

A M. J. DEVARENNE

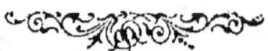

Manufacture de Pianos

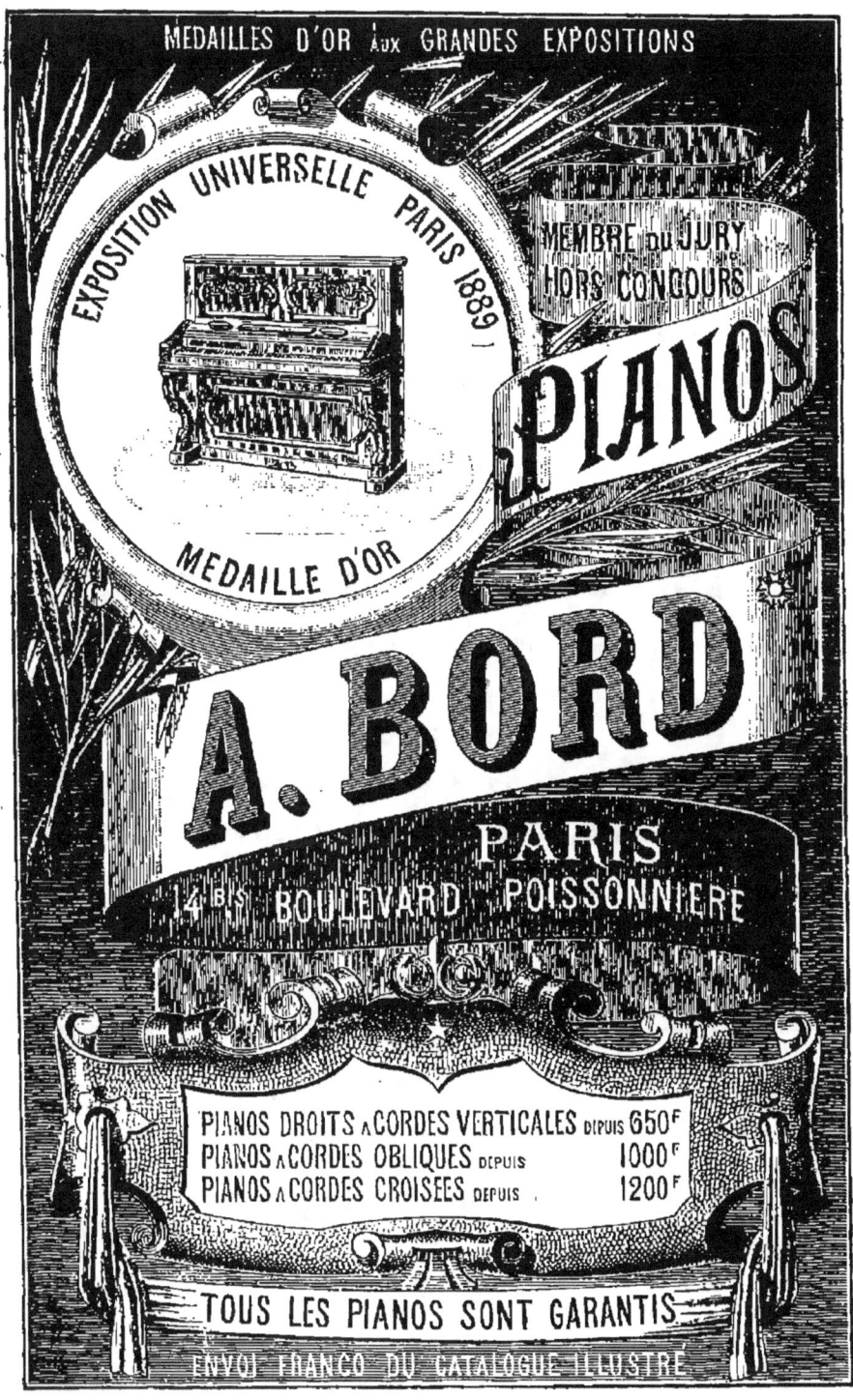

MEDAILLES D'OR aux GRANDES EXPOSITIONS

EXPOSITION UNIVERSELLE PARIS 1889

MEDAILLE D'OR

MEMBRE du JURY HORS CONCOURS

PIANOS

A. BORD

PARIS
14 BIS BOULEVARD POISSONNIERE

PIANOS DROITS a CORDES VERTICALES depuis 650ᶠ
PIANOS a CORDES OBLIQUES depuis 1000ᶠ
PIANOS a CORDES CROISEES depuis 1200ᶠ

TOUS LES PIANOS SONT GARANTIS

ENVOI FRANCO DU CATALOGUE ILLUSTRE

80,000 Pianos fabriqués & vendus jusqu'à ce jour

ENGHIEN · LES · BAINS

Pendant la Saison

FÊTES EXTRAORDINAIRES

De jour & de nuit

DONNÉES

Dans le Jardin des Roses & sur le magnifique
Lac d'Enghien

CASINO — THÉÂTRE — CERCLE

Ouvert du 15 mai au 31 octobre

SALON DE BALS ET DE FÊTES

Café du Kiosque chinois en face du grand Établissement Thermal

JARDIN DES ROSES SUR LES BORDS DU LAC

GYMNASE MÉDICAL

Succursale du Gymnase PAZ de Paris.

TIR AU PISTOLET ET A LA CARABINE

FÊTE VÉNITIENNE

Promenade sur le lac.

On se rend à Enghien par la gare du Nord
Durée du trajet, 15 minutes. Dernier train pour Paris, minuit 5

APRÈS LE DERNIER TRAIN
Service de Mails-Coach d'Enghien à Paris

*Des affiches annoncent la date des fêtes et donnent le programme
détaillé*

ENGHIEN-LES-BAINS

EAUX LES PLUS SULFUREUSES DE FRANCE

A 15 MINUTES DE PARIS PAR LE CHEMIN DE FER DU NORD

110 TRAINS PAR JOUR

SAISON DU 15 MAI AU 15 OCTOBRE

LES EAUX MINÉRALES SULFUREUSES D'ENGHIEN

sont surtout indiquées :

Pour la **Cure** des affections du **Nez**, du **Pharynx**, du **Larynx** et des **Voies** respiratoires telles que le Catarrhe bronchique et l'Asthme, des affections **utérines rhumatismales** telles que la **Goutte**, l'**Arthritisme**, les **Maladies articulaires**, des affections générales tenant à la **Débilité**, la **Chlorose**, l'**Anémie**, le **Lymphatisme**, la **Scrofule**, diverses **Paralysies**, et enfin dans les **Maladies de la Peau**.

Ces eaux se transportent au loin et se gardent des années sans altération dans un endroit frais et à l'abri de la lumière.

SALLES D'INHALATION

à température chaude et variant selon les indications.

HYDROTHÉRAPIE SULFUREUSE COMPLÈTE

BAINS ÉLECTRIQUES, LAVEMENTS GAZEUX

INSTALLÉS PAR LE DOCTEUR BERGERON

Pneumothérapie. — Inhalations d'oxygène.

GRAND HOTEL DES BAINS

DANS LE PARC DE L'ETABLISSEMENT THERMAL

En face le lac et le Jardin des Roses.

Table d'Hôte et Restaurant à la Carte.

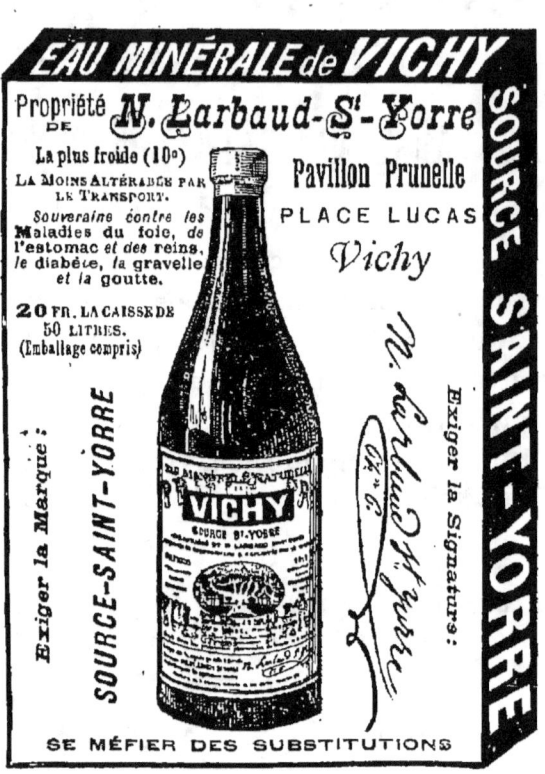

L'Art dans la vie contemporaine

13ᵉ ANNÉE

Revue des Arts Décoratifs

CONTENANT LE

BULLETIN OFFICIEL

DE

L'Union Centrale des Arts Décoratifs

ET DE

L'EXPOSITION DES ARTS DE LA FEMME

Directeur :

Victor CHAMPIER

PUBLICATION MENSUELLE

Bureaux et rédaction : Palais de l'Industrie, Porte VII

BUREAUX DE L'ADMINISTRATION

PARIS — 14, Rue du Helder — ROUAM, édit.

Un an, **25** fr.— *Départ.,* **26** fr. **50** — *Union postale,* **28** fr.

Ce magnifique recueil a été fondé par la Société de l'Union centrale des Arts décoratifs et a été mis à la portée de toutes les bourses pour la propagation de ses doctrines et la vulgarisation des chefs-d'œuvre du goût, aussi bien parmi les gens du monde que parmi les gens de métier.

Il forme tous les ans un superbe volume richement illustré.

GRAVURES EN NOIR & EN COULEURS

Reproduction des plus belles œuvres de style moderne

Orfèvrerie, Bijouterie, Objets de parure

Vêtements, Dentelles

Céramique, Verrerie, Meubles, etc., etc.,

Comptes rendus détaillés & études piquantes de l'Exposition des Arts de la Femme

PAR LES ÉCRIVAINS & LES SPÉCIALISTES

les plus éminents de notre époque

CHEMINS DE FER

DE

Paris à Lyon & à la Méditerranée

BILLETS D'ALLER & RETOUR DE BAINS DE MER

Sur le réseau P.-L.-M., il est délivré dans toutes les gares, du 1er Juin au 15 Septembre de chaque année, des billets d'aller et retour de bains de mer individuels et de famille à *prix réduits* pour les stations balnéaires suivantes :

**Aigues-Mortes, Antibes, Bandol, Beaulieu, Cannes
Hyères, La Ciotat, La Seyne-Tamaris-sur-Mer, Menton, Monaco
Monte-Carlo, Montpellier, Nice
Saint-Raphaël, Toulon & Villefranche-sur-Mer**

Ces billets, valables 33 jours, doivent comporter un parcours minimum de 300 kilomètres aller et retour. Réductions importantes atteignant jusqu'à 50 % pour les billets de famille. Arrêts facultatifs. Faculté de prolongation d'une ou plusieurs périodes de 15 jours, moyennant 10 % de supplément pour chaque prolongation.

BILLETS D'ALLER & RETOUR DE VILLES D'EAUX COLLECTIFS

Il est délivré dans toutes les gares du réseau P.-L.-M., du 15 Mai au 15 Septembre, sous condition d'effectuer un parcours minimum de 300 kilomètres, aller et retour, aux familles d'au moins quatre personnes payant place entière et voyageant ensemble, des billets d'aller et retour collectifs pour les stations suivantes :

**Aix, Aix-les-Bains, Albertville, Bourbon-Lancy
Carpentras, Cette, Chambéry, Charbonnières, Clermont-Ferrand
Cluses, Coudes, Digne, Euzet-les-Bains
Evian-les-Bains, Genève, Gières-Uriage, Goncelin-Allevard
Groisy-le-Plot-la-Caille
La Bastide-Saint-Laurent-les-Bains, Lépin-Lac-d'Aiguebelette
Le Vigan, Manosque, Montélimar
Montpellier, Montrond, Moulins, Pougues, Riom
Ris-Chateldon, Roanne
Sail-sous-Couzan, Saint-Georges-de-Commiers
Saint-Julien-de-Cassagnas, Saint-Martin-d'Estréaux, Salins
Santenay, Sauve, Thonon-les-Bains
Vals-les-Bains-la-Bégude, Vandenesse, Saint-Honoré-les-Bains
Vichy, Villefort**

Le prix s'obtient en ajoutant au prix de six billets simples ordinaires le prix d'un de ces billets, pour chaque membre de la famille en plus de trois. Les trois premières personnes payent donc le plein tarif et la quatrième et les suivantes le demi-tarif. Validité : 30 jours, avec faculté de prolongation d'une ou plusieurs périodes de prolongation de 15 jours, moyennant 10 % pour chaque prolongation.

CHEMINS DE FER DE L'OUEST

BILLETS D'ALLER ET RETOUR A PRIX RÉDUITS
délivrés du 1er Mai au 31 Octobre

De Paris aux stations Balnéaires ou Thermales suivantes :

A. — BILLETS D'ALLER et RETOUR individuels VALABLES pendant 4 JOURS
Aller : le VENDREDI (1) le SAMEDI ou le DIMANCHE
Retour : le DIMANCHE ou le LUNDI seulement

	1re Cl.		2e Cl.	
	fr.	c.	fr.	c.
Dieppe. — Pourville, Puys, Berneval, Criel..............	27	»	20	»
Le Tréport-Mers. — Eu. — Le Bourg-d'Ault, Onival........	30	»	21	»
Cany. — Veulettes, Les Petites-Dalles...................				
Saint-Valery-en-Caux. — Veules.........................				
Le Havre. — Sainte-Adresse, Bruneval...................				
Les Ifs. — Etretat, Vaucottes-sur-Mer, Bruneval........				
Fécamp. — Yport, Etretat, Vaucottes-sur-Mer, Bruneval, Les Petites-Dalles, Les Grandes Dalles, Saint-Pierre-en-Port......	30	»	22	»
Trouville-Deauville. — Villerville.....................				
Villers-sur-Mer..				
Honfleur...				
Caen...				
Dives-Cabourg. — Le Home-Varaville.....................	33	»	24	»
Beuzeval. — Houlgate...................................				
Luc. — Lion-sur-Mer. — Langrune. — Ces prix comprennent le parcours total par chemin de fer. Saint-Aubin............	34	»	25	»
Bernières...	35	»	26	»
Courseulles. — Ver-sur-Mer............................				
Bayeux. — Arromanches, Port-en-Bessin, St-Laurent-sur-Mer, Asnelles..	36	»	27	»
Isigny-sur-Mer. — Grandcamp-les-Bains, Ste-Marie-du-Mont....	40	»	31	»
Montebourg et Valognes. — Quinéville, Saint-Vaast-la-Hougue (parcours par le *chemin de fer départemental* de MONTEBOURG et VALOGNES à BARFLEUR, non compris dans le prix du billet).	45	»	34	»
Cherbourg...	50	»	37	»
Port-Bail et Carteret.................................	50	»	37	»
Coutances. — Agon, Coutainville, Régnoville...........	50	»	37	»
Granville. — Donville, St-Pair, Bouillon-Jullouville, Carolles, St-Jean-les-Thomas..	45	»	34	»

EAUX THERMALES

	1re Cl.		2e Cl.	
Forges-les-Eaux (Seine-Inférieure), ligne de Dieppe par Gournay.	19	»	14	»
Bagnoles-de-l'Orne, par Briouze........................	40	»	30	»

(1) Exceptionnellement, ces Billets sont valables le JEUDI par les Trains partant de PARIS dès 6 h. 30 du soir.

B. — BILLETS d'aller et retour individuels VALABLES pendant 33 jours
(Jour de la délivrance non compris).

	1re Cl.		2e Cl.	
Bayeux...				
Isigny-sur-Mer...				
Montebourg et Valognes.................................				
Cherbourg..				
Port-Bail et Carteret..................................	56	»	37	80
Coutances..				
Granville..				
St-Malo-St-Servan. — Paramé, Rothéneuf, Cancale (par la gare de la Gouesnière-Cancale)................................				
Dinard. — St-Enogat, St-Lunaire, St-Briac, Lancieux.........				
Lamballe. — Pléneuf, le Val-André, Erquy, La Garde-St-Cast, St-Jacut-de-la Mer (par la gare de Plancoët).............	59	40	40	10
Saint-Brieuc. — Portrieux, St-Quay...................	62	10	41	90
Lannion. — Perros-Guirec.............................	71	90	48	55
Morlaix. — Saint-Jean-du-Doigt.......................	73	90	49	90
St-Paul-de-Léon......................................	76	90	51	90
Roscoff. — Ile de Batz...............................	77	70	52	45
Brest..	82	»	55	35
St-Nazaire...	59	70	40	30

NOTA. — Les prix ci-dessus ne s'appliquent qu'au parcours en chemin de fer.

CHEMIN DE FER DE PARIS A ORLÉANS

Stations Thermales et Balnéaires des Pyrénées

BILLETS DE FAMILLE

Des Billets de famille comportant une réduction de **25 à 40 0/0** suivant le nombre des personnes, sont délivrés à toutes les gares du réseau pour les stations balnéaires et thermales du Midi, ci-après désignées :

Alet, Arcachon, Argelès-Gazost, Ax-les-Thermes, Bagnères-de-Bigorre, Bagnères-de-Luchon, Banyuls-sur-Mer, Biarritz, Cambo-Ville, Capvern, Céret (Amélie-les-Bains, La Preste, etc.), Couiza-Montazels, Dax, Guéthary (halte), Hendaye, Lamalou-les-Bains, Laruns-Eaux-Bonnes, Oloron-Sainte-Marie, Pau, Pierrefitte-Nestalas, Prades (Le Vernet et Molitg), Saint-Girons, Saint-Jean-de-Luz, Saint-Flour (Chaudes-Aigues), Salies-de-Béarn, Salies-du-Salat et Ussat-les-Bains.

La durée de validité des Billets de famille est de 33 jours, non compris les jours de départ et d'arrivée.

RELATIONS ENTRE PARIS (GARE D'ORLÉANS)
ET LES STATIONS HIVERNALES DES PYRÉNÉES.

DURÉE DU TRAJET	Pau,	par Bordeaux	en 14 h. 1/2 environ
	Salies-de-Béarn,	id.	en 14 h.
PAR TRAINS EXPRESS	Arcachon,	id.	en 10 h. 3/4
de Paris à)	Biarritz,	id.	en 14 h.
	Saint-de Luz,	id.	en 14 h. 1/2

VOITURES DE 1re CLASSE DIRECTES ENTRE :

PARIS et SALIES-de-BÉARN : Départ de Paris, à 8 h. 20 soir; départ de Salies à 2 h. 5 soir.
PARIS et PAU : Départ de Paris à 8 h. 20 soir; départ de Pau à 1 h. 10 soir.
PARIS et BIARRITZ : Départ de Paris à 8 h. 20 soir; départ de Biarritz à 2 h. soir.
PARIS et ARCACHON : Départ de Paris à 9 h. 15 matin; départ d'Arcachon à 7 h. 25 matin.

Ces voitures renferment habituellement des places de lits-toilette.

VOYAGES DANS LES PYRÉNÉES

La Compagnie d'Orléans délivre toute l'année des Billets d'excursion comprenant les trois itinéraires ci-après, permettant de visiter le centre de la France et les Stations thermales et balnéaires des Pyrénées et du Golfe de Gascogne.

1er ITINÉRAIRE

Paris, Bordeaux, Arcachon, Mont-de-Marsan, Tarbes, Bagnères-de-Bigorre, Montréjeau, Bagnères-de-Luchon, Pierrefitte, Nestalas, Pau, Bayonne, Bordeaux, Paris.

2e ITINÉRAIRE

Paris, Bordeaux, Arcachon, Mont-de-Marsan, Tarbes, Pierrefitte-Nestalas, Bagnères-de-Bigorre, Bagnères-de-Luchon, Toulouse, Paris.

3e ITINÉRAIRE

Paris, Bordeaux, Arcachon, Dax, Bayonne, Pau, Pierrefitte-Nestalas, Bagnères-de-Bigorre, Bagnères-de-Luchon, Toulouse, Paris.

DURÉE DE VALIDITÉ : 30 JOURS

Prix des Billets : 1re Classe, **163 fr. 50 c.** — 2e Classe, **122 fr. 50 c.**

La durée de ces différents Billets peut être prolongée d'une, deux ou trois périodes de 10 jours, moyennant payement, pour chaque période, d'un supplément de 10 0/0 du prix du billet.

Il est délivré, de toute gare des Compagnies d'Orléans et du Midi, des Billets **Aller et Retour** de 1re et 2e classe à prix réduits, pour aller rejoindre les itinéraires ci-dessus, ainsi que de tout point de ces itinéraires pour s'en écarter.

Avis. — *Ces Billets doivent être demandés au moins 3 jours à l'avance.*

TABLE DES MATIÈRES

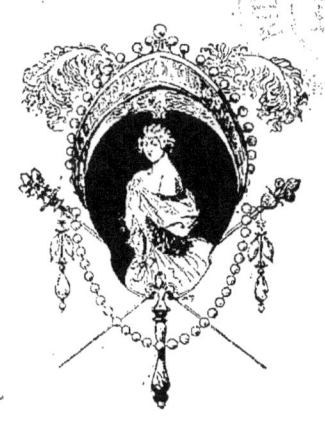

Paris. — Imp. A. WARMONT, 22-24, galerie d'Orléans (Palais-Royal).

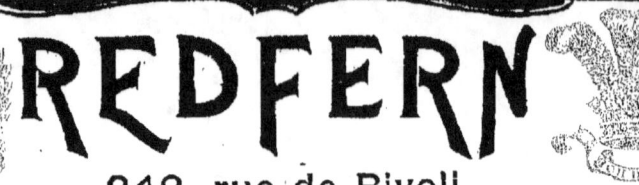

REDFERN

242, rue de Rivoli
Paris

Breveté de S. M. l'Impératrice de Russie
et de S. A. R. la Princesse de Galles

FOURRURES RARES

SPÉCIALITÉ
de
doublures légères
Jaquettes
et
Manteaux
en
Loutre et
Astrakan

*aussi parfaits de coupe
qu'en drap*

ROBES
et
MANTEAUX

Aix-les-Bains
Cannes — Nice

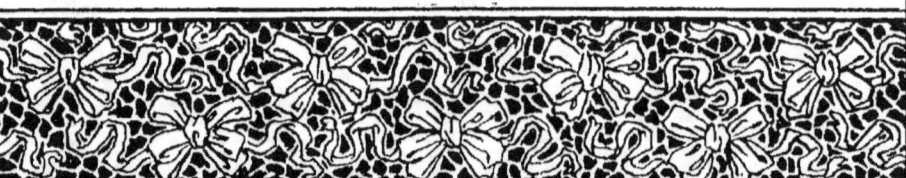

Verdoux, Ducourtioux & Huillard, sc